Dichter beschimpfen Dichter

Dichter beschimpfen Dichter

Die endgültige Sammlung
literarischer Kollegenschelten

Herausgegeben
und mit einem Nachwort
von
Jörg Drews

mit Bücher-Bildern
von
Jonathan Wolstenholme

Haffmans Verlag
bei Zweitausendeins

Vollständig überarbeitete, ergänzte und erweiterte Neuausgabe
der beiden Sammlungen:
»Dichter beschimpfen Dichter. Ein Alphabet harter Urteile.
Zusammengesucht von Jörg Drews & Co.«.
Haffmans Verlag, Zürich 1990, und:
»Dichter beschimpfen Dichter II. Ein zweites Alphabet harter Urteile.
Zusammengesucht und mit einem Nachwort beschlossen von
Jörg Drews & Co.«, Haffmans Verlag, Zürich 1992.

1. Auflage, September 2006
2. Auflage, Dezember 2006
3. Auflage, September 2010

Umschlagbild und Illustrationen © 2006 Jonathan Wolstenholme.
Produktion, Satz und Gestaltung von Urs Jakob,
Werkstatt im Grünen Winkel, CH-8400 Winterthur.
Druck & Bindung: Ebner & Spiegel in Ulm.
Printed in Germany.

ISBN: 978-3-86150-580-8

Hohn war immer eine berechtigte
Form geistiger Kriegführung.

THEODOR FONTANE

Liebe ist die wahnhafte Überschätzung
eines Objekts.
Haß allein macht scharfsichtig.

BLOOR SCHLEPPEY

I love a good hater. ARNO SCHMIDT

Die ächte Verachtung haßt nicht,
sie ist reine Ueberzeugung
vom Unwerth des Andern.

ARTHUR SCHOPENHAUER

Alle Schriftsteller sind schlecht.

HERBERT ACHTERNBUSCH

Aeschylos

Es ist in den Tragödien des Äschylus, ja selbst zum Teil in denen seiner Nachfolger, etwas Unbehilfliches, Stationäres, das die Neuern, an ein lebendiges Fortschreiten der Handlung gewohnt, durchaus nicht vertragen würden.

FRANZ GRILLPARZER

Akademie der Überschätzten

Sol Lewitts, Gustav Mahler, C.G. Jung, Scott Fitzgerald, Lenny Bruce, Norman Mailer, Walt Whitman, Heinrich Böll, Ingmar Bergman.

WOODY ALLEN

Die Überschätzten der letzten vierzig Jahre neben Woody Allen: Sartre, Camus, Moravia, Calvino, Minetti, Fischer-Dieskau, I. Bergman, S. Kubrick, Böll, Koeppen, Grass, Handke, B. Strauß, Fassbinder – ach je, da bleibt am Ende nix mehr übrig, und 95 von 98,5 Prozent Vergessenswertem ist eh ja längst den Orkus runter.

ECKHARD HENSCHEID

Alfred Andersch

Der Mann hat doch einfach keine inneren Ressourcen.

ARNO SCHMIDT

Sascha Anderson

Wenn Dein Bißchen an sich nichts Sonderbares ist, dann sage es möglichst ein bißchen sonderbar!

S. TUNN

Jean Anouilh

Neulich war ich im Theater (mir ja ein sehr unsympathischer Aufenthaltsort). »Antigone« von Jean Anouilh. Moderne Sache: Antigone im Straßenkleid, mit Cigarette u. Café, aber doch ... zuviel Geschwafel (»abendfüllend«) dabei. Ich persönlich finde ja jede Kunstäußerung, die 60 Minuten überschreitet, infam. GOTTFRIED BENN

Er hat eine neue Mätresse? Unmöglich – bei dem schläft doch nur das Publikum. JEAN COCTEAU

Gabriele D'Annunzio

Auch D'Annunzio erfand gern Wörter und ersetzte gern ausländische und barbarische Wörter durch andere, die er für italisch und edel hielt. Das zeigt, wie sehr die Aufmerksamkeit dieses Schriftstellers aufs Unnütze gerichtet war. Es gibt unendlich viele Berührungspunkte zwischen Mussolini und D'Annunzio, und ein Publizist, der nichts Besseres zu tun hat, könnte einmal eine parallele Lebensgeschichte dieser beiden Männer schreiben.

ALBERTO SAVINIO

Schwüle und faule Barbarennatur. Schlottriger Barde des Romanentums. RUDOLF BORCHARDT

Guillaume Apollinaire

Um in der Zukunft alle immer wieder möglichen Mißverständnisse zu vermeiden, will ich hinzufügen, daß Monsieur Apollinaire, der einen dicken Bauch hat, viel mehr einem Rhinozeros als einer Giraffe ähnelt; daß, was seinen Kopf betrifft, er mehr von einem Tapir als von einem Löwen hat, daß er viel mehr in die Richtung des Geiers schlägt als des Storches mit seinem langen Schnabel. ARTHUR CRAVAN

Ariost

Orlando Furioso

Dieses Epos sehen wir von einer Episode zur anderen gleichsam von Zweig zu Zweig hüpfen und flattern, da es seinen Flügeln nur äußerst kleine Strecken zutraut und sich deshalb vor lauter Angst, Atem und Kräfte könnten ihm ausgehen, auf jeder Hecke niederläßt.

MICHEL DE MONTAIGNE

Achim von Arnim

Er ist wie ein Faß, wo der Böttcher vergessen hat, die Reifen festzuschlagen, da läuft's denn auf allen Seiten heraus. JOHANN WOLFGANG GOETHE

Die Gräfin Dolores

Wenn ich einen verlorenen Sohn hätte, so wollte ich lieber, er hätte sich von den Bordellen bis zu den Schweinekoben verirrt, als daß er in den Narrenwust dieser letzten Tage sich verfinge: denn ich fürchte sehr, aus dieser Hölle ist keine Erlösung. JOHANN WOLFGANG GOETHE

Bettina von Arnim

Sie will nicht begreifen, daß, wenn sie einem eine Faust voll Rosen stets an die Nase drückt, man nur das Ersticken fürchtet und nicht weiter beachtet, daß es durch Rosen geschieht! KARL AUGUST VARNHAGEN VON ENSE

Das Geniale nimmt in ihr gar zu leicht den Abweg nicht nur ins Dämonische, sondern ins Hexenartige, und es ist wahrhaft jammervoll, wie sie einen bisweilen zwingen kann, ein scharfes Eisen hinzuhalten, gegen das sie alsdann mit der Brust anspringt, um blutige Wunden zu empfangen. KARL AUGUST VARNHAGEN VON ENSE

Diese leidige Bremse ist mir als Erbstück von meiner guten Mutter schon viele Jahre sehr unbequem.

JOHANN WOLFGANG GOETHE

Briefwechsel Goethes mit einem Kinde
Das Buch macht auf mich eine entschieden widerwärtige Wirkung. Es ist eine hysterische Selbstsucht darin, die zum Teil geistreich, zum Teil fratzenhaft sich äußert, und wenn man stundenlang gelesen hat, glaubt man zuletzt, man habe nichts gelesen ... Bettine hat eine Art von Wut auf bedeutende geistreiche Männer und möchte sie alle abnagen, die Knochen dann den Hunden hinwerfen. Ein Don Juan, in weiblicher Unschuld einherfahrend wie der Fuchs im Schafspelz! Was sind dagegen alle männlichen Wüstlinge!

KARL AUGUST VARNHAGEN VON ENSE

Der Briefwechsel zwischen Goethe und Bettina ist in seiner letzten Wirkung schauerlich, ja furchtbar. Es ist das entsetzliche Schauspiel, wie ein Mensch den andern verschlingt und selbst Abscheu, wenn nicht vor der Speise, so doch vor dem Speisen, hat.

FRIEDRICH HEBBEL

Einige Äußerungen Goethes zu dem Kinde, die diese anführt, lassen doch befürchten, er habe sich, in Gedanken nämlich, körperlich an ihr ergötzt. Was er da wiederholt von Jugend und Wollen zu der Heranreifenden sprach, hat einen Nebenklang. Weiß Gott, daß ich nicht das Unreine heraussuchte, aber es hat sich mir wider Willen aufgedrungen. Überhaupt läßt sich *menschlich* gar viel gegen die Art einwenden, mit der er die leidenschaftliche Annäherung des Kindes aufgenommen.

FRANZ GRILLPARZER

Achim von Arnim und Clemens Brentano
Des Knaben Wunderhorn
Ein zusammengeschaufelter Wust voll mutwilliger Verfälschungen, ein heilloser Mischmasch von allerlei butzigen, trutzigen, schmutzigen und nichtsnutzigen Gassenhauern, samt einigen abgestandenen Kirchenhauern.

JOHANN HEINRICH VOSS

Matthew Arnold
Wenn man ihn liest, hofft man bei jedem Wort, es möge sein letztes sein. OSCAR WILDE

Arnfried Astel
Astel schreibt Epigramme, weil sie so bescheiden sind wie er: *ein* Einfall pro Gedicht genügt.

BLOOR SCHLEPPEY

Atticus
Du deklamierst flott, Atticus, und prozessierst flott,
flott schreibst du Geschichte, flott schreibst du Gedichte,
du machst flotte Kabarett-Programme und flotte
Epigramme,
flott bist du als Sprachforscher und flott als Sterndeuter,
du bist ein flotter Sänger, Atticus, und ein flotter Tänzer,
flott beim Gitarrenspiel und flott beim Ballspiel.
Während du nichts gut machst, machst du doch alles flott.
Soll ich dir sagen, was du bist? Du bist ein großer Stümper!

HORAZ

Jane Austen
Für mich ist Poes Prosa unlesbar – wie die von Jane Austen. Nein, da ist doch ein Unterschied. Gegen Bezahlung könnte ich seine Prosa lesen, aber nicht die von Jane.

MARK TWAIN

Ingeborg Bachmann

Schon komisch, daß ein berühmter Erzählerwettbewerb nach der genannt wurde, die am wenigsten erzählen konnte; die letztlich auch nichts zu erzählen hatte.

ECKHARD HENSCHEID

Die Bachmann hatte ja auch diesen Frauentick, sich so zu stellen, als sei sie eben vom Himmel gefallen.

WALTER KEMPOWSKI

Die Bachmann is a arrogante Gurkn. H. C. ARTMANN

Jens Baggesen

Ein fratzenhaftes Talent. JOHANN WOLFGANG GOETHE

Ein kindisch imbeziler Tollhäusler.

CHRISTOPH MARTIN WIELAND

Honoré de Balzac

Balzac, Balzac: kein Dichter; kein Verhältnis zur Natur (das wichtigste Kriterium!). Nur alle 20 Seiten einmal etwas wirklich Gutes, eine präzise Formulierung, ein suggestives Bild, eine Initialzündung der Fantasie. Wie lächerlich z. B. seine ewigen, 2 unbeholfene Druckseiten langen, Beschreibungen von den Boudoirs der Haute Volée!: vermag Einer die Scherben solch unsinnigen Puzzle-Spiels zusammenzusetzen? Und so oft Gestalten, Motive, Situationen wiederholt, wie nur je ein Vielschrei-

ber. Männer gelingen ihm nie; nur Incroyables, Geizhälse, Journalisten, giftmischende Portiers (wie wohltuend dagegen selbst Cooper und Scott). Seine Frauen: Kurtisanen oder Mauerblümchen. Psychologie??: o mei!!: den einzigen ›Anton Reiser‹ geb ich nicht für Balzac und Zola zusammen!
ARNO SCHMIDT

Von Balzac lese ich gerade ein Buch, das mit Glanz und Elend beginnt, dessen vollständigen Titel man einem verheirateten Mann nicht nennen darf und das stupide ist.
MARCEL PROUST

Man erhebt jetzt Balzac über Tolstoi. Das ist Unsinn. Balzacs Werk ist unsympathisch, fratzenhaft, voller Lächerlichkeiten; die Menschheit wird in ihm von einem Literaten gerichtet, der ein großes Buch machen möchte, in Tolstoi aber von einem abgeklärten Gott. Balzac gelingt es, den Eindruck von Größe zu erwecken; bei Tolstoi ist alles von Natur aus größer, wie die Kotballen eines Elefanten neben den Kotkügelchen einer Ziege.
VIKTOR JEROFEJEW

Ich glaube der Kerl ist wahnsinnig geworden.
FRANZ GRILLPARZER

Barbey d'Aurevilly

Von einem Ende zum anderen gibt es bei diesem Mann nichts als Rhetorik und Bluff.
ANDRÉ GIDE

Djuna Barnes

Ich konnte die muffige Dämonie dieser *Djuna Barnes*-Figuren einfach nicht ertragen. (...) Ich bin nicht zuständig für diese Art von Dekadenz-Dämmerung, weil ich persönlich nicht atmen kann in einer solchen fleischrosa getünchten Raritätensammlung, die dazu noch mindestens zwei Kontinente braucht, um ein mittleres Schlafzimmer mit ein bißchen Perversion zu füllen.

MARTIN WALSER

Georges Bataille

Man kann beobachten, daß Monsieur Bataille einen geradezu delirierenden Verbrauch an Adjektiven hat: besudelt, senil, ranzig, unfähig, zotig, schwachsinnig – und daß diese Wörter ihm nicht etwa zur Beschreibung unerträglicher Dinge dienen, sondern daß er mit ihnen aufs Lyrischste sein Wohlbehagen ausdrückt. Der »unaussprechliche Besen«, von dem Jarry spricht, fällt ihm in den Teller, und Monsieur Bataille erklärt sich entzückt darüber. Er, der tagsüber seine vorsichtigen Bibliothekars-Finger über alte, oft reizvolle Manuskripte gleiten läßt (bekanntlich übt er diesen Beruf an der Bibliothèque Nationale aus), er weidet sich des Nachts an dem Unrat, mit dem er sie gern beladen sehen möchte …

ANDRÉ BRETON

Charles Baudelaire

Baudelaire ist der Dichter des französischen Kleinbürgertums … Das ist das Lied des Hahnes, das aus drei Strophen besteht. Die Armut, das ist bei ihm die des Lumpensammlers; die Verzweiflung die des Parasiten, der Hohn der des Schnorrers. Die *Moderne,* die eine Antike werden sollte, wurde denn auch nur eine Antiquität, eine Kleinantike. Er drückt in keiner Weise seine Epoche aus, nicht einmal zehn Jahre. Seine Wörter sind gewendet wie abgetragene Röcke, wieder »wie neu«. Seine Bilder sind wie eingerahmt, und alles ist überstopft. Das, was erhaben sein soll, ist nur gespreizt. Er lebt nicht nur von der Unmoral, sondern auch von der Moral. Er verkauft eben Schocks. BERTOLT BRECHT

Baudelaire, Moréas u. a.

Die Texte der jungen Dichter Frankreichs sind kindischer Unsinn, inhaltlich sehr arm und daher langweilig. Der Großteil der Empfindungen, welche diese Autoren wiederzugeben bemüht sind, kann einzig bei einem sittlich schwer verdorbenen, seelisch geradezu *kranken* Menschen aufkommen, Empfindungen, die in einem *gesunden* Menschen keinerlei Interesse zu wecken vermögen. LEO TOLSTOI

Simone de Beauvoir

Simone de Beauvoir trug im Ton einer lächelnden, strengen Schuldirektorin eine Lektion in Existentialismus vor, untermischt mit Schlafmitteln aus dem Repertoire des Durchschnittslehrers ... Das Publikum applaudierte begeistert, möglicherweise weil es vertraute Worte zu hören bekommen hatte. MARY McCARTHY

Johannes R. Becher

Klar: Rosegger! Heimatkunst, der natürliche Geruch, die berühmte »Scholle«. Ich meine leider weder Rosegger noch Ganghofer! Was die natürliche proletarische Sprache anlangt, so habe ich von dem Vers: »O du Strahlender, Herrlicher, Glühender, Gläubiger« schon genug, und der hymnische Quarkkäse von Johannes R. Becher, alias kantige Härte, reizt auch nicht meinen Appetit. Ich habe mich an den einfachen Berliner Dialekt gehalten, den ich nicht nachzustenographieren brauchte, weil ich nicht

stenographieren kann. Und wenn meine Angaben im Roman stimmen, so bitte ich Herrn Becher um Entschuldigung, ich bin nun mal so vertrottelt, – wenn ich Alexanderplatz meine, sage ich Alexanderplatz, und wenn ich Quatschkopf meine, sage ich Becher. Und wenn ich hemmungslos Details summiere, so verspreche ich, nächstes Mal werde ich nicht summieren, ich werde frei aus der Luft dichten: »O du Strahlender, Herrlicher, Glühender, Gläubiger«. Fällt mir da übrigens nicht gerade ein, daß Herr Becher einmal einen Versuch mit untauglichen Mitteln am Roman unternommen hat, welcher Versuch leider beschlagnahmt wurde, – es hätten ihn alle lesen sollen, – und fand sich nicht damals hinten als Nachtrag – ein seitenlanges Verzeichnis von Literatur? Aber pfui, Herr Genosse, wie kann man nur. Das sind ja lauter Details,
so gehen Sie vor, und Sie wollen Rosegger werden?

ALFRED DÖBLIN

Entschuldigen Sie, wenn ich mich erfreche, wieder den unbekannten Karl Marx zu zitieren: »Die Theorie wird in einem Volke immer nur so weit verwirklicht, als sie die Verwirklichung seiner Bedürfnisse ist.« Ein andermal: »Man muß die versteinerten Verhältnisse der deutschen Gesellschaft schildern und sie dadurch zum Tanzen zwingen, daß man ihnen ihre eigene Melodie vorsingt. Man muß das Volk vor sich selbst erschrecken lassen, um ihm Courage zu machen.« Vergleichen Sie diese wirklich harten Sätze mit dem Milchbrei der Phrasen des Kommunistenhäuptlings Becher. Vergleichen Sie die Realitätsnähe dieser Aussprüche mit der Furcht des Lyrikers vor den Details. Vergleichen Sie die Wahrhaftigkeit dieser Sätze und ihre Weite mit den Stammelworten der *Linkskurve.* »Das Gesicht dem Betriebe zu«, singt Becher.

Nee, mein Sohn: Tatsächlich schreibt er das Gesicht der Zeitschrift ›Sturm‹ zu. Sie hassen die Realität. Diese sauberen historischen Materialisten wagen sich nicht an die Realität heran. Sie glauben es ist getan, wenn sie über der Realität ihr rotes Kinderfähnchen schwingen.

ALFRED DÖBLIN

Wenn der Begriff ›Dekadenz‹ jemals einen Sinn gehabt haben sollte, dann hätte er in Bezug auf Becher angewendet werden müssen. ELKE ERB

Bechers Exil-Lyrik ist eine Riesensammlung von Untermittelmäßigkeiten. ADOLF ENDLER

Jürgen Becker

Der gespenstige Jürgen Becker, der pflichtbewußt immerzu klatsch und teigig weiß aussieht, ein weißer Kloß, eine leere Larve/: las die letzten Platitüden, die den Platitüden von Wondratschek in nichts nachstehen/: das ist Kultur/: das ist Abendland! /: das ist Gegenwart!

ROLF DIETER BRINKMANN

Samuel Beckett

»Was hältsDnnDu von BECKETT?«./ (Erstaunlich wenig, Francisca): »Mit einer derart reduzierten Welt arbeiten, ist a) ebenso technisch ›leicht‹, wie ›billig‹. Und b) wäre, dem Kundigen, der Mann ein Post = MAETERLINK: – *Mein* Rat: schließ Dich speziell = dieser Bewunderung *nicht = an.*«

ARNO SCHMIDT

Beckett macht es sich künstlerisch leicht, durch sein Arbeiten mit 2 StabPuppen in einer bis zur Armseligkeit reduzierten WeltÖde. ARNO SCHMIDT

Beckett? Ich habe mit Beckett nichts zu tun. Er ist nicht in mir, ich bin nicht in ihm. Ich warte nicht auf Godot, daß er mir Leben bringt; ich bin selber auf Leben aus, sogar in meinem Alter. Was hat denn irgend jemand von euch mit Godot zu schaffen? Im Geringsten von uns steckt mehr Leben, als Godot geben kann. SEAN O'CASEY

Becketts Mülltonnen, die sich ohne wesentliche Transport- bzw. Reibungsverluste auf jede japanische oder dänische Bühne rücken lassen (...). PETER RÜHMKORF

Richard Beer-Hofmann

Man muß Beer doch mal zeigen, daß all die hübschen Dinge die er treibt, noch immer keinen Dichter machen und wenn er auch den größten Dichtern das Dichten abguckt. RUDOLF BORCHARDT

Gottfried Benn

Diesen Burschen, der damals von dem Ende des Nihilismus schrieb und uns Emigranten wütend beschimpfte, kenne ich nicht und plane ich nicht zu kennen. Jedenfalls wird er sein Leben ohne mich verbringen müssen. Der Umstand, daß ihn die Kommunisten ablehnen, wäscht ihn nicht rein und macht ihn mir nicht appetitlich.

ALFRED DÖBLIN

Dieser Schleim legt Wert darauf, mindestens eine halbe Million Jahre alt zu sein. Während dieser Zeit ist er immer von neuem geworden, mehrmals vergangen, leider immer wieder geworden. Ein Schleim von höchstem Adel. Alles ist sinnlos, darauf besteht unser Pfaffe mit umgekehrten Vorzeichen. BERTOLT BRECHT

Das Ausland verhöhnt mich, weil ich Nazi und Rassist bin und die Nazis, weil ich undeutsch, formalistisch und intellektuell bin.
Scheibenkleister! Strich drunter. GOTTFRIED BENN

Georges Bernanos

Schicke dir näxtens einen Kriminalroman von Bernanos, welcher ein sehr ernster Schriftsteller ist, der es nun ›auch mal‹ versuchen wollte. Merkwürdig: warum geht das immer schief? ... Die Gebildeten übertreiben immer dabei, und im Grunde glückt ihnen dann nur ein schlechter Roman aus nachromantischer Zeit. KURT TUCHOLSKY

Aber, wie Bernanos, unaufhörlich zu schreien: Ihr seid verflucht u. ich will Euch erschüttern u. es ist das Ende und hinab mit Euch in die letzte Nacht – u. selbst dabei vergnügte Jahrzehnte im Café Barbacena in Rio zwischen den Stammgästen Manuscriptbogen von katholischen Romanen vollschreibt, kann nicht den Titel »der große Bernanos« beanspruchen, den man ihm in Frankreich giebt. GOTTFRIED BENN

Thomas Bernhard

Ein Schlittschuhfahrer, ein Fummler, ein zeilenschindender Nörgler, ein Verzapfer syllogistischen Platitüdensalats, ein mottenkranker Unentjungferter, ein schlüpfriger Winkeladvokat, ein Salzburger Korinthen kackender Schmähsabberer, ein Prahlhans, der alles besser kann als die anderen ... ein ungehobelter Bär, der sich selbst mit seinen Schrullen zugrunderichtet, da er stets dieselben Pfotenhiebe austeilt, mit immer derselben dicken, schweren, dickköpfigen, niederländischen Bauernlümmelpfote, dieselben Hiebe nach immer denselben Hirngespinsten, dem Land seiner Geburt und dessen Patrioten, den Nazis und den Sozialisten, den Theatermachern, allen anderen Schriftstellern und mit Vorliebe den guten, genauso nach den Kritikern, die seine Bücher beweihräucherten oder verrissen, ja, ein armseliger, selbstverliebter Don Quichotte, dieser elende, alles verratende Wiener.

HERVÉ GUIBERT

Th. B.: entschlossen-demagogisches Erzählen; man kann es auch bewundern; für mich aber ist es form- und sittenverderbend. PETER HANDKE

Jetzt weiß ich: Literatur muß einen Duft haben, freiwerdend nur durch den freien Leser (und Nicht-Literatur, wie die von Thomas Bernhard, hat keinen Duft).

PETER HANDKE

Ein über Jahrzehnte hin vorgequirlter Mythos, der nach dem Ableben dann natürlich besonders verrückt spielt. In allen Feuilletons, dito Funk- und Fernsehnachrufen die Mär vom großen Unbekannten, was die Mißweisungen nach oben freilich mit keinem Sterbenswörtchen in Rechnung stellt. Eigentlich ist mir B. noch übers Grab hinaus unsympathisch. Eine Art von spezifisch österreichischem Allürentheater und vom Fußaufstampfen ständig bereites Drohverhalten, das den Masochismus der szenenbegleitenden Feuilletons immer heimlich mit einkalkuliert. PETER RÜHMKORF

Thomas Bernhard – gemessen an den von jeder Vorausreflektion ganz freien, ungefilterten Radikalsuaden Célines einfach nur mittelmäßiges Phrasendreschwerk, wenig bis gar kein Intellekt dahinter. Eine Schreibmaschine, die, einmal angeworfen, Maschinensätze produziert. Der nachgewiesenermaßen vom Staate Österreich meistunterstützte Autor, ein Provinzler, der sich als verfolgtes Quasiopfer eines Quasinazisystems zu stilisieren wußte, dabei die niedersten Bedürfnisse des Marktes bedient hat.

HELMUT KRAUSSER

Wolf Biermann

Biermanns Lieder waren bildhaft und wunderlich wie die, welche die Schäfer auf der Heide und die Dienstmädchen in den großen Städten singen. Erst als ein fehlerhafter Ehrgeiz ihn trieb, sich an Heines Philosophie und Villons Weltgefühl zu messen, als er sich von den Alltagssachen weg und den Weltsachen zuwandte, verstieß er gegen die seiner Begabung angemessene Gattung und sank vom Volksliedsänger zum Kabarettisten. Er wurde, was er ist: der Eduard Bernstein des Tingeltangel. PETER HACKS

Wolf Biermann: Dünn angerührt und dick aufgetragen.

PETER RÜHMKORF

Maxim Biller

Maxim Biller denkt flach und häßlich, und daher schreibt er ein flaches und häßliches Deutsch. BLOOR SCHLEPPEY

Franz Blei

Rococco-Esel, kriechender Jesuitenschleim, versäuertes Kataplasma mit Brille. Kunstgewordener Devotismus.

ELSE LASKER-SCHÜLER

Die Bloomsburys

In letzter Zeit hatte ich großen Ärger mit kleinen einfältigen Bloomsburys. Sie meinen alle, es sei mir wichtig, ob sie und Leute wie Desmond MacCarthy meine Lyrik mögen. Ist es aber nicht. Ich erwarte es nicht von ihnen. Sie haben alle ihre Instinkte wegzivilisiert. Sie können eine Sache nicht mehr von einer anderen unterscheiden – oder ein Gefühl von einem anderen. Sie haben nämlich auch ihre Sinne wegzivilisiert. Menschen, die nur ›intellektuell‹ sind, stellen eine schreckliche Plage für Künstler dar.

EDITH SITWELL

Giovanni Boccaccio

Boccaccio, alt-französische fabliaux u. ihre novellistischen griechischen Urbilder bezeichnet man nach unserem Empfinden am besten als »gepfeffert«. Charakteristisch das Vorwiegen des »Witzes« für diese primitiven Erzeugnisse. Ich denke sie mir nach einer schweren Mahlzeit vorgetragen. Das Erfassen eines Witzes erfordert die geringste synthetisierende Denkleistung, man braucht keine lange Strecke zu überblicken, paßt also in diese Stimmung.

ROBERT MUSIL

Heinrich Böll

Der gute Typ! Da ist eine tapfere Nase, die treu über seinem Mund blieb. Und seine Augen sind es auch, der hündische Blick, der unverbrüchlich nach seinem Herrn Ausschau hält und nicht einsehen kann, daß da keiner ist, alles Klagen erzeugt keinen. Oder ist schon einmal ein Mond zu einem heulenden Hund heruntergestiegen, hat ihm eine Leine angetan und ihn nach Hause geführt? Meines Wissens nicht.

HERBERT ACHTERNBUSCH

Da ich damals »Haus ohne Hüter« nicht gelesen habe, konnte ich mich in der Folgezeit zu einem halbwegs normalen, einigermaßen mitteilungsfreudigen Intellektuellen entwickeln. Heute bin ich froh, »Haus ohne Hüter« damals nicht gelesen zu haben. ROBERT GERNHARDT

Der *Böll* war als Typ wirklich Klasse. / Da stimmten Gesinnung und Kasse. / Er wär' überhaupt erste Sahne, / wären da nicht die Romane. ROBERT GERNHARDT

Rudolf Borchardt
Er hat sich auf einen Turm von Lüge gestellt, um von der verlogenen Menge seiner Zeit gesehen zu werden.
WALTER BENJAMIN

So sieht das eben aus, wenn ein Jude ein klassischer deutscher Dichter werden will. WERNER KRAFT

Esoteriker der deutschen Schwerindustrie.
TH. W. ADORNO / M. HORKHEIMER

Ein ungeschickter Hochstapler, für den man sich gar nicht zu interessieren brauchte, wenn er nicht ein Dichter wäre. MARTIN BUBER

Ein Individuum, so pappig, würde mans an die Wand schmeißen, so würds kleben bleiben. STEFAN GEORGE

Seine eigene Produktion ist angewandte Philologie: Zusammensetzung vorgefundener Sprachelemente: wähle er nun den gräzisierenden, den biblischen oder den neuesten Ton, oder wie bei seiner Übertragung der Divina Commedia, das stationäre Deutsch der russischen Juden. FRIEDRICH GUNDOLF

Ein unauthentisches Leben, ein authentisches Werk.
MARTIN BUBER

Handlungen und Abhandlungen
Rudolf Borchardt ist auch in seinem neuen Essaybuch, dessen Kapitel erzumgürtet, hart glänzend, in heroischem Schritt aufmarschieren, der Don Quichote eines deutschen Konservatismus, der keinen einzigen echten Repräsentanten mehr hat. Er kämpft für ein Phantasiebild des älteren Deutschland gegen das neue. WILLY HAAS

Lyrik
Es gibt nichts, wofür Borchardt nicht das gesamte Vokabular der deutschen Literatur von ihren Anfängen bis 1910 zur Verfügung hätte. Das ist so stark, daß Gefühl und Gedanke schließlich überhaupt nicht oder nur in wenigen Versen und Sätzen zu Wort kommen. – Das erklärt mir plötzlich eine der typischen Literatur-Erscheinungen, und Borchardt ist ihr Meister: Hochstapelei mit Worten. Das kleinste Gefühl, der kleinste Gedanke wird aufgebauscht und dann rauschen und donnern Kaskaden von Worten am Ohr vorbei. (...) Und das ist Borchardts Fehler: Er läßt dem, was ist, nicht sein Recht, er verdeckt das, wovon er ausgeht, mit pompösem Aufwand, als gelte es eine Weltsymphonie zu dichten – obwohl es sich tatsächlich um ein kleines Liebesgedicht oder eine Landschaft handelt. HERMANN HAKEL

Ludwig Börne

Börne kann nicht schreiben, eben so wenig wie ich oder Jean Paul. RAHEL VARNHAGEN

Alle seine Anfeindungen waren am Ende nichts anderes, als der kleine Neid, den der kleine Tambour-Maitre gegen den großen Tambour-Major empfindet – er beneidete mich ob des großen Federbusches, der so keck in die

Lüfte hineinjauchzt, ob meiner reichgestickten Uniform, woran mehr Silber, als er, der kleine Tambour-Maitre, mit seinem ganzen Vermögen bezahlen konnte, ob der Geschicklichkeit, womit ich den großen Stock balanciere.

HEINRICH HEINE

Karl August Böttiger

Böttiger ist wie die Harpyien. Er kann dem Publikum nichts auftischen, ohne daß er zugleich dareinscheißt.

JOHANN WOLFGANG GOETHE

Böttiger jubilierte, als der Doge von Venedig abgesetzt wurde, eben als wenn sein Vordermann gestorben wäre und er nunmehr avancierte. JOHANN WOLFGANG GOETHE

Ein Arschgesicht. JOHANN WOLFGANG GOETHE

Volker Braun

Volker Braun? – Da kann ich nur sagen, der Junge quält sich. FRITZ-HENDRIK MELLE

Bertolt Brecht

Ich mag Brecht nicht, gerade deshalb nicht, weil er didaktisch, ideologisch ist. Er ist nicht einfach, er ist einfältig. Er regt nicht zum Denken an, er ist selber ein Reflex, die Illustration einer Ideologie, er lehrt mich nichts, er wiederholt. Andererseits sind seine Figuren flach, sie haben nur zwei Dimensionen, die der Oberfläche, sie sind nur sozial. Es fehlt ihnen die Dimension der Tiefe, die metaphysische Dimension. Seine Personen sind unvollständig, zuweilen sind sie nur Pappfiguren.

EUGÈNE IONESCO

Er war ein Snob und Manierist von hohen Graden – eine Art Stefan George im Drillich. Er zelebrierte Uneleganz und farblose Nüchternheit genauso prätentiös wie andere geschmäcklerisches Raffinement. GERHARD SZCZESNY

Das Bürgertum in Deutschland, wenn es sich nicht den alten feudalen Plunder anzieht, ist so schmählich vertattert, daß es die Bezeichnung Bürger und bürgerlich schon direkt als Schimpfwort empfindet. Und was es leistet in der Selbstentwürdigung, in der Selbstschändung, davon ein Beispiel. In Leipzig gibt es dieser Tage einen Theaterskandal bei einer Oper »Mahagonny«. Das ist ein furchtbar revolutionäres Stück. Wie revolutionär, ersieht man aus der Saufscene des 2. Akts. Da besteigen Jenny, Jim und Bim (furchtbar revolutionäre Namen, nicht wahr?) das Billard, hissen das Segel und fahren durch den Sturm menschlicher Gemeinheit (huhu) und singen dabei das geradezu hochverräterische Seemannslied: »Stürmisch die Nacht und die See geht hoch.« Der Autor ist faktisch ein Romantiker alten Stils, und wirkliche Arbeiter oder auch Marxisten würden sich krank lachen vor seinem Stück und vor seiner Wildwestphantasie, gegen die gehalten Karl Mays höchste Sachlichkeit ist. Aber was soll der arme Mann machen, er und andere arme Heinriche des Bürgertums, sie brauchen geistige Perspektiven, und hat man selbst keine, so stiehlt man sich eine, und so setzen sie sich in den proletarischen Wald, gröhlen die »Internationale« mit und ersparen sich das eigene Nachdenken.
ALFRED DÖBLIN

Bei seinem Anblick, ganz besonders aber bei seinen gesprochenen Sätzen, packte mich jedesmal die Wut ... Ich hielt mich über die Reklamen auf, von denen Berlin verseucht war. Ihn störten sie nicht, im Gegenteil, Reklame habe ihr Gutes. Er habe ein Gedicht über Steyr-Autos geschrieben und dafür ein Auto bekommen. Das war für mich, als käme es aus dem Munde des Teufels. Mit diesem Geständnis, das er wie eine Prahlerei vorbrachte, schlug er mich nieder und brachte mich zum Schweigen. Kaum hatten wir ihn verlassen, sagte Ibby: »Er fährt gern Auto«, als wäre es nichts. ELIAS CANETTI

Brecht lebte das kalte Prinzip der Zweckmäßigkeit, das brutale Primat seiner Produktivität über so wacklige Werte wie Freundschaft, Liebe und Solidarität. Nach Jahren des Exils in Dänemark, Schweden und Finnland durchquerte er fluchtartig die heißgeliebte Sowjetunion. Keins seiner Jubelgedichte über Stalins Vaterland aller Werktätigen hielt ihn im Land des »Großen Oktober der Arbeiterklasse«. WOLFGANG BIERMANN

Bert Brecht ist in seinen »Werken«, bekanntlich, ein talentloser Dialogisierer von ödem Radau, der sich kalt aufregt, um wie ein Verrückter zu wirken: höher geht die Vorstellung vom Genie nicht, die so arme und ungebildete Gehirne in einer Zeit leerer Lärmmacherei aufbringen. RUDOLF BORCHARDT

Ich halte Brecht nicht für einen Mann von stahlgrauer Entschlossenheit und Intellekt. Ich glaube, er ist eine Theaterhure ersten Ranges. PETER HALL

Der *Brecht* schrieb auf die Berlau
viele schöne Gedichte.
Sie machte sich daraufhin Hoffnungen.
Er machte Literaturgeschichte.

ROBERT GERNHARDT

Clemens Brentano

Ja, der Brentano, das war auch so einer, der gern für einen ganzen Kerl gegolten hätte! Er stieg vor Sophiens Wohnung am Weinspalier bis ans Fenster hinauf bei nächtlicher Weile, um die Leute glauben zu machen, es wäre viel dahinter, damit es fein hitzig aussähe mit der Liebe. Aber es war und wurde nichts. Zuletzt warf er sich in die Frömmigkeit, wie denn überhaupt die von Natur Verschnittenen nachher gern überfromm werden, wenn sie endlich eingesehen haben, daß sie anderswo zu kurz kamen und daß es mit dem Leben nicht geht. Da lob ich mir meine alten ehemaligen Kapuziner: die fraßen Stockfisch und vögelten in *einer* Nacht!

JOHANN WOLFGANG GOETHE

Erzwindbeutel. JOHANN HEINRICH VOSS

Er ist ein Esel; und weiter nichts. RAHEL VARNHAGEN

Ganz einleuchtend ist es mir, daß Sie, Herr Baron! nicht eine Gesellschaft besuchen, deren Wortführer *Brentano* ist. Dieser wahnsinnige Clemens schleppt mich heute Abend nicht allein zu einem Souper im englischen Hause, sondern hat mich auch zum Organ gemacht, wodurch er Sie im Namen obbesagter Gesellschaft, der Gebrüder von Gerlach, von Arnim etc. einladen will, dem heutigen Souper beizuwohnen; im Fall der Zusage sollen Sie Abends wie ein Triumphator abgeholt werden. Bloß um mein Gewissen rein zu erhalten und nicht lügen zu dürfen, richte ich den Auftrag mit dem Bemerken aus, daß ich gestern schon gleich aus freier Faust erwiderte, mir wär's, als hätte ich munkeln gehört, daß Sie heute schon bei einem Principe, Principessa, Excellenza oder einem Conte eingeladen wären. E. T. A. HOFFMANN (AN FOUQUÉ)

André Breton

Wenn André Breton zufällig gerade für Hammelhaxen in Sauce béarnaise schwärmt, dann können Sie darauf gefaßt sein, daß das bald ein durch und durch revolutionäres Gericht genannt wird. MAX MORISE

Er verschwendete fast all seine Zeit und Energie auf Unterhandlungen, Telefonate und geheime Zusammenkünfte. Er war das, was ich einen Schriftstellerstrategen nenne. Im Jahr 1924 hatte er noch nicht mehr als drei Broschüren veröffentlicht, eine davon in Zusammenarbeit mit Philippe Soupault. Mit diesem mageren Gepäck konnte er niemandem imponieren, es sei denn in einer Amtsstube. Statt auf die Entwicklung seines Talents zu vertrauen, versuchte Breton, der sich seiner Grenzen zweifellos bewußt war, die Leute zu manipulieren. Man findet zu jeder Zeit solche Schriftsteller, die unter dem Vorwand, die Ideen einer Generation theoretisch zusammenzufassen, das Erarbeiten eines eigenen Werks durch die Kontrolle anderer ersetzen ... Aber ich glaube nicht, daß es in der Literaturgeschichte ein ähnliches Beispiel von diktatorischer Machtausübung gibt, abgesehen vielleicht von der Académie Française, die in ihren Anfängen Bannflüche über Molière und Corneille verhängte. Breton steuerte seinen Surrealismus mit den Methoden der Inquisition. Er überwachte seine Freunde bis ins Kleinste. Wenn man ihn im »Certa« an einem Mandarin-Curaçao nippen sah, bedurfte es des Mutes, ja der Tollkühnheit, sich ein Glas Rotwein oder ein Bier zu bestellen.

CLAIRE GOLL

Hermann Broch

Ich bin dafür, den aufgeblasenen Hermann Broch zu entlarven als literarischen Höchststapler. ALFRED DÖBLIN

Die Schlafwandler
Er macht den philosophischen Roman suspekt. Er hat nicht recht, aber wenn ich dagegen polemisiere, ist es entweder ein philosophischer Streit oder ich müßte persönlich angreifen. Kann ich diesen Roman immanent kritisieren? Ist ein Gedankenroman schlecht, wenn seine Gedanken falsch sind? Und von welchem Grad an? Ist er schlecht, wenn die Form Mängel hat? Aber warum entschuldigt man diese nicht? ROBERT MUSIL

Barthold Heinrich Brockes
Man erlaube mir noch einige Beispiele von unpoetischen Repetierwerken der großen Weltuhr. Brockes »Irdisches Vergnügen in Gott« ist eine so treue dunkle Kammer der äußerlichen Natur, daß ein wahrer Dichter sie wie einen Reisebeschreiber der Alpen, ja wie die Natur selber benutzen kann; er kann nämlich unter den umhergeworfenen Farbenkörnern wählen und sie zu einem Gemälde verreiben. JEAN PAUL

Harold Brodkey
Ein Trostpreis, daß man Harold Brodkey übersetzt hat, wäre auch einer zu wenig. Ich habe auch mal Brodkey übersetzt und gedacht: »Was ist denn das für ein Spasti??? Alles falsch schreiben und keinen Punkt auf der Maschine. Statt dessen immer ---« Stellen Sie sich das mal vor. Sie fressen sich durch den absoluten Schwachsinn des Joyces der 90er, und anstelle eines Punktes schreibt er immer --- Und stellen Sie sich das mal vor --- Das kann man gar nicht tippen, so blöd ist es --- Stellen Sie sich mal vor, Sie schrieben --- Und Sie finden kein Satzende, sondern immer nur --- Aha, denken Sie, jetzt werden auch allmählich die deutschen Lektorate aufmerksam, denn wenn jemand keinen Punkt auf der Maschine hat

und absolut unspannend seinen Schwuchtelkram aufdröselt, dann müssen Diogenes, Rowohlt und Hanser doch sofort mitbieten --- HARRY ROWOHLT

Ich hab ihn getragen zwanzig Seiten und kann ihn nicht tragen mehr... Unmöglich, davon 100, 300 oder gar 500 Seiten zu übersetzen. Die Armseligkeit des Textes, der von nichts lebt, als daß auf jeder Seite zwanzigmal das Wort »sexuell« vorkommt, der ohne Kulissen ist und doch voller Schwulst wie eine Bayreuther Walküre in Los Angeles, wäre nicht das Schlimmste; auch nicht, daß der Autor, je näher man ihn kennenlernt, immer stärker würstchenhafte Züge annimmt: ein Mensch, der seiner pubertären Gemütslage einen derartigen Bierernst aufgeschminkt hat, daß man aus dem Staunen nicht hervorkäme, würde nicht zugleich die Forderung erhoben, daß man das für Literatur halten soll. Ach nein, das Schlimmste ist die Sprache: Großer Wortschatz, diffus eingesetzt und selten logisch determiniert, extravagante Metaphorik, die sich spreizt wie ein Rudel Pfauen – und beides montiert auf eine Grammatik, die unfreiwillig zwischen gestelzt und salopp hin und her trudelt: das ist nicht zu übertragen, ohne daß im Deutschen ataktischer Kitsch herauskommt. Ich hab mir Mühe gegeben, und das Ergebnis ist sub specie litterarum genauso ›unbefriedigend‹ wie sub specie psychologiae das Rezept des stolzen Autors, die Orgasmus-Unfähigkeit einer Narzißtin durch geschickte Bettgymnastik zu kurieren. Ich bin, recht besehen, nicht eigentlich prüde; aber irgendwo verstimmt es mich, wenn ein Autor seinen Penis hochhält wie ein Oberlehrer seinen Didaktenfinger: beide sehe ich gern niedriger hängen. Was macht man nur mit so einem Text? Für die St. Pauli-Nachrichten ist er zu langweilig; als Essay geht's auch nicht, weil dem Essayisten beim Denken sein Schwanz zu sehr im Wege ist; für einen Roman spräche allenfalls die gelungene psychologische Wirklichkeitsferne (Ficktion), die den Mangel an Staffage und handelnden Personen ausgleicht.

HANS WOLLSCHLÄGER

Robert Browning

Ich glaube nicht, daß Browning sehr gut im Bett war. Seine Frau hat sich wahrscheinlich nicht sehr viel aus ihm gemacht. Er schnarchte und phantasierte von zwölfjährigen Mädchen. W. H. AUDEN

Lothar-Günther Buchheim

Der Mann mit der Augenklappe, Sammler unterschiedlichster Objekte. Cholerisch. In meinem Tagebuch steht unter dem 26. Mai 1981: »München, Vertreterversammlung: Der dröhnend laute Buchheim wirkte recht unangenehm auf mich, obwohl er à conto des *Tadellöser* zu mir nicht unfreundlich war. Er machte den Vertretern vor, wie man das anstellt, Bücher zu verkaufen, und was er alles kann und weiß, erzählte er! Und immer lauert er, ob er irgendwas übelnehmen kann.« Es wird gesagt, daß er furchtbar geizig ist, er habe nur deshalb kein Portrait von sich in mein Album gezeichnet, damit ich es nicht verkaufen kann! Immerhin unterschrieben hat er. Acht Mark und fünfzig, würde ich sagen. Wurden Krieger-Portraits von seiner Hand im Krieg als Postkarten verkauft?

WALTER KEMPOWSKI

Georg Büchner

Catilinarischer Hetzer und Problemwühler.

RUDOLF BORCHARDT

Gottfried August Bürger

Bei Bürger dagegen sehe ich, daß sich die Begeisterung des Dichters nicht selten in die Grenzen des *Wahnsinns*

PENGUIN
BOOKS

verliert, daß sein Feuer oft *Furie* wird, daß eben deswegen die Gemütsstimmung, mit der man dies Lied aus der Hand legt, durchaus nicht die wohltätige, harmonische Stimmung ist, in welche wir uns von dem Dichter versetzt sehen wollen. FRIEDRICH SCHILLER

Es ist traurig anzusehen, wie ein außerordentlicher Mensch sich gar oft mit sich selbst, seinen Umständen, seiner Zeit herumwürgt, ohne auf einen grünen Zweig zu kommen. Trauriges Beispiel Bürger.

JOHANN WOLFGANG GOETHE

Hermann Burger

Den Peniskrampf seiner Hauptfigur will er in einer künstlichen Mutter heilen, tatsächlich aber (»rührst du nur den Zauberstab«) sollen es die kulturell übervitaminierten Ergüsse seines unerschütterbar vor sich hin ejakulierenden Sprachpenis schaffen. UWE HERMS

Irgendwie ist fühlbar, daß es sich bei unserem in der Sparte Durchsetzungsfähigkeit so überaus erfolgreichen Monstrum und Einmann-Rollkommando um eine großartige, liebenswürdige, literarisch potente, persönlich schwer zerrüttete und immens zuwendungsbedürftige Figur handelt, die den Menschen, wo immer sie auftaucht, geradezu zwanghaftes Vergnügen bereitet, bereiten muß. JÜRG LAEDERACH

William S. Burroughs

Auch ich halte Kälte, Grausamkeit, Perversion, Obszönität für Eigenschaften der künstlerischen Konstitution. Aber ich bin allergisch gegen den latenten Faschismus eines Teils der Avantgarde. Ich liebe Queneau, ich hasse Burroughs! ALFRED ANDERSCH

Burroughs: Die Ersatzscheiße, die man täglich für Intensität und Anstrengung sich einhandelt.

ROLF DIETER BRINKMANN

Naked Lunch

Das Phänomen der Wiederholung weckt natürlich Langeweile; viele Leser beklagen, daß sie durch Naked Lunch nicht durchkommen. Und/oder daß sie das Buch ekelerregend finden. Es ist ekelerregend, und manchmal ermüdend, und oft beides zugleich. Die Dominanz von Anus, Fäkalien und aller anderen Arten von »grauenvollen« Ausscheidungen, wie die Romanfiguren sagen würden, aus den Körperöffnungen, wird einfach zu viel des Schlechten, wie die sadomasochistischen Sex-Praktiken – die Auto-Ejakulation eines gehenkten Mannes ist nicht jedermanns Aphrodisiakum. Ein Leser, dessen erotische Zonen milder temperiert sind als die des Autors, fängt an, entweder sich für spießig zu halten (ein Schuldgefühl, das er nicht aufkommen lassen sollte) oder für den Gefangenen eines freudlosen Süchtigen.

MARY McCARTHY

Wilhelm Busch

Lektüre von Buschs »Humor. Hausschatz« – eher verstimmend.

THOMAS MANN

An einen Kunstbesitz oder ein Kunstgedächtnis dieses Volkes kann man kaum noch glauben, – will vielleicht auch garnicht mehr dazugehören, Ringelnatz u. Morgenstern u. Wilhelm Busch sind wohl die Höhen seiner metaphysischen Reichweite u. die Leckerbissen seines artistischen Appetits.

GOTTFRIED BENN

Italo Calvino
Wie man den vollendeten Akademismus von Italo Calvinos *Wenn ein Reisender in einer Winternacht* für vitale und artistische Prosa halten kann, wird mir sicherlich ewiglich ein Rätsel bleiben ... ich halte jede Wette, daß Calvinos »Winternacht«, wie alle seine Bücher, ein schlicht und innig langweiliges, substanzloses ist, dessen spielerische Kapriolen so erwartbar daherkommen, daß sie allenfalls einem Berufsverblendeten den Entzückensschrei »fantastisch!« entlocken. ECKHARD HENSCHEID

Albert Camus
siehe unter: Der Rest der Welt

Elias Canetti
Das ist nicht auszuhalten. FRANZ WERFEL

So bedeutend war er eben nicht. Er hat sich für viel größer gehalten, als er war. Humor hat er jedenfalls keinen gehabt. ERWIN CHARGAFF

Aphorismusagent der Jetztzeit ... Senilität ist rührend, die Arroganz eines Greises, Spätlingsvaters und skurrilen Torschlußphilosophen ... Schmalkant und Kleinschopenhauer. THOMAS BERNHARD

Die Fackel im Ohr
Der junge Canetti schreitet als eine Art kleiner Heiland durch diese Seiten, erleidet Kopfdramen bei jeder Gelegenheit, er entrüstet sich über lauter Dinge, die nicht mit seinen reinen hochfliegenden Gesinnungen übereinstimmen, ich habe das Gefühl, daß er immer nur gelesen, alles Lesenswerte, alle Philosophen, Dichter, Mythen, Religionsstifter gelesen, von klein auf gelesen hat, daß er die Welt durch diese Augen sah, daß er ein KOPF war, von Gerechtigkeitssinn und Gesinnungen glühend, aber er hatte keinen Leib und schon gar keinen Unterleib und keine Nester des Verdrängten und keine Dunkelheiten, keinen Sexus und keine Stimmungen! PAUL NIZON

Truman Capote
Er ist eine entzückend lasterhafte alte Dame.
TENNESSEE WILLIAMS

Hans Carossa
Dann die Schallplatte »Stimmen der Dichter«. Der unerträgliche Carossa mit einem Brunnengedicht, mit besonnter Stimme las er. Und so etwas bietet er seinen Hörern im Jahr 1947! Ein besonders ekelhafter Fall von Verdrängung.
WALTER KEMPOWSKI

Giacomo Casanova
Man weiß nicht, woher er kommt, es heißt, er sei ein Bastard. Er ist gut gebaut, hat eine dunkle Hautfarbe, beträgt sich gestelzt und ist von schier unglaublichem Selbstbewußtsein. Eines der Gestirne, die in der Gesellschaft leuchten, ohne daß man wüßte, woher sie ihren Glanz haben und wovon sie leben, noch dazu, ohne zu arbeiten, ohne Amt, ohne Vermögen. (...) Er ist stets

gepflegt wie ein Narziß, er plustert sich auf: ein Ballon ist nicht praller, Windmühlenflügel rotieren nicht eifriger. Unentwegt schleicht er sich irgendwo ein, macht den Frauen den Hof, nimmt günstige Gelegenheiten wahr, verschafft sich Geld und bedient sich seiner Erfolge in der Liebe, um vorwärts zu kommen. Bei den Geizhälsen spielt er den Alchimisten, bei den schönen Frauen den Schöngeist, bei den großen Männern den Politiker – alles mit jedem. Aber wenn man vernünftigen Stimmen trauen darf: es gelingt ihm nichts, er macht sich nur lächerlich.

PIETRO CHIARI

Louis-Ferdinand Céline

Er ist ein primärer Spucker und Kotzer. Er hat ein interessantes elementares Bedürfnis, auf jeder Seite, die er verfaßt, mindestens einmal je Scheiße, Pisse, Hure, Kotzen zu sagen. Worüber, ist nebensächlich. Im zweiten tat er es gegen die Sowjets u. gegen die Medizin. Facultäten. Jetzt also gegen die Juden. Es ist seine Ausdrucksart, seine Methode. Im nächsten Band wird es die Küstenschiffahrt oder die Behandlung der Gärtnerlehrlinge sein. Primärer Kotzer. Garnicht anders zu erklären ... Der Schluß war ja schwach und deutete von vornherein auf Persönlichkeitsschwäche. Er fand kein Ende u. fand auch nicht mehr weiter u. schnatterte drauflos! GOTTFRIED BENN

Was für ein erbärmlicher Mensch und was für ein großer Schriftsteller! PETER ESTERHÁZY

Miguel de Cervantes

Mein privates Unglück ist, daß ich immer statt Cervantes Cervelat lese. Und als ich gerade darüber nachdachte, wie human die amerikanischen Quäker mit ihren Berliner

Schulspeisungen sind, las ich, daß in Spanien, richtig allgemein in Spanien in sämtlichen Schulen täglich eine viertel Stunde offiziell Cervelat gegeben wird. Wie fortschrittlich ist doch dieses Land, wo sie so massenhaft olle ritterliche Traditionen, Romane, klassische Literatur haben; aber an ihre Kinder lassen sie nichts davon heran. Eine viertel Stunde schulmäßiger Wurstzwang. Das lasse ich mir gefallen. Wer auf dieser Linie weitergeht, nur so, wird den rechten Weg gehen. ALFRED DÖBLIN

siehe unter: Der Rest der Welt

François René de Chateaubriand

Er erinnert mich immer an den melancholischen Lustigmacher von Ludwig XIII. Ich glaube, er hieß Angeli, trug eine Jacke von schwarzer Farbe, auch eine schwarze Kappe mit schwarzen Schellen und riß betrübte Späße. Der Pathos des Chateaubriand hat für mich immer etwas Komisches; dazwischen höre ich stets das Geklingel der schwarzen Glöckchen. Nur wird die erkünstelte Schwermut, die affektierten Todesgedanken, auf die Länge ebenso widerwärtig wie eintönig. HEINRICH HEINE

Dieser stinkende Egoist. STENDHAL

G. K. Chesterton und Hilaire Belloc

Zwei Backen eines Arsches. T. STURGE MOORE

Cicero

Seine Eloquenz ist lendenlahm und brüchig. BRUTUS

Werke

Ich finde seine Art zu schreiben langweilig, nehmen doch in seinen Schriften die Vorreden und Definitionen, Untergliederungen und etymologischen Exkurse den größten Teil ein. Was sie an Saft und Kraft enthalten, geht durch diese weitschweifigen Zurichtungen verloren. Wenn ich eine Stunde darauf verwendet habe, ihn zu lesen, was für mich schon viel ist, und mir dann klarzumachen suche, was ich denn an greifbarem Gewinn verbuchen könnte, fasse ich meistens nur Wind; denn bis zu den seinem Anliegen dienlichen Argumenten, bis zu den Begründungen, die den Kern der Sache berühren, auf den ich doch aus bin, ist er noch gar nicht vorgedrungen. Für mich, der ich lediglich weiser zu werden begehre, nicht gelehrter oder beredter, sind solche Demonstrationen aristotelischer Logik keine Hilfe: Ich will, daß man mit der Schlußfolgerung beginne. Was *Tod* ist und was *Wollust,* weiß ich zur Genüge; man erspare sich daher die Mühe, sie mir zu zergliedern – ich suche von vornherein handfeste und triftige Vernunftgründe, die mich ihnen standzuhalten lehren. Weder grammatische Spitzfindigkeiten noch geistreiche Geflechte aus Worten und Argumenten sind dem dienlich. Ich will Schlüsse, die mit dem ersten Stoß mitten in die Zitadelle des Zweifels zielen; die seinen hingegen schleichen um sie herum wie die Katze um den heißen Brei. Seine Vortragsweise taugt für die Schule, den Gerichtssaal und die Kirche, wo wir in aller Gemütsruhe ein Nickerchen machen können und eine Viertelstunde danach immer noch rechtzeitig genug wach werden, um den Faden wiederaufzunehmen. So wie Cicero muß man zu den Richtern reden, die man, Rechtens oder nicht, für sich gewinnen will, zu den Kindern und zum gemeinen Volk, dem man alles in voller Breite darlegen muß, um dann zu sehn, was davon angekommen ist. MICHEL DE MONTAIGNE

Paul Claudel

Paul Claudel ist da, den ich seit mehr als drei Jahren nicht mehr gesehen habe. Jung sah er aus wie ein Nagel; jetzt sieht er aus wie ein Maschinenhammer. Sehr niedere, aber ziemlich breite Stirn; Gesicht ohne Nuancen, wie mit dem Messer geschnitzt; Stiernacken, der in gerader Linie durch den Hinterkopf fortgesetzt wird, wodurch, wie man spürt, die aufsteigende Leidenschaft sogleich das Gehirn verstopft. Ja, ich glaube, das ist der vorherrschende Eindruck: Kopf und Rumpf sind aus einem Stück. ANDRÉ GIDE

Matthias Claudius

Von Claudius weiß ich durchaus nichts zu sagen, er ist eine völlige Null. WILHELM VON HUMBOLDT

Jean Cocteau

Er parodierte sich selbst, um seinen Ruf zu wahren. Als Unterhaltungsmaschine der oberen Zehntausend, Poet im Dienst auf mondänen Cocktailpartys führte er seine sanfte Melancholie brillant spazieren. Im Laufe der Jahre machte er sich mehr und mehr bewußt, daß er ein Blender war. Zu intelligent, um nicht zu wissen, daß er eigentlich nichts zu sagen hatte, gab er sich Mühe, dieses Nichts wenigstens gut zu sagen. Und da er nicht wußte, was ihm noch bevorstand, beeilte er sich, seinen gegenwärtigen Ruhm auszukosten. CLAIRE GOLL

Cocteau ist ein Mann von fabelhafter Cleverness, aber nicht ernst zu nehmen. Er ist nur ein Mondäner, der des gesellschaftlichen Erfolgs wegen sich selbst ausbeutet, und das kann er. Sein ›jugendlicher‹ Stil ist nur ein Trick. In den ersten drei Kriegsjahren veröffentlichte er Gedichte, die fast von Lamartine hätten geschrieben sein können. ALDOUS HUXLEY

Er ist kein Dichter. Rimbaud ist der einzige Dichter. Jean ist nur ein Journalist. Apollinaire war ein Idiot, und Reverdy kennt sich nur im Katholizismus aus.

PABLO PICASSO

Cocteau wurde schon mit Bügelfalten in seiner Hose geboren. Jetzt wird er schrecklich berühmt. Bei jedem Frisör liegen seine Schriften aus. PABLO PICASSO

Jean Cocteau, sagt man, hat sein Leben nach »Das Bildnis des Dorian Gray« angelegt. Wenn dem so ist, kann man nur annehmen, daß »Der Doppeladler« von Albrights Porträt geschrieben wurde. Diese schwülstige und finstere Geschichte in altmodisch royalistischer Manier legt den Gedanken nahe, daß es im Dachstübchen von Cocteaus Geist nicht so smart zuging wie in den Empfangszimmern: da las ein Schulmädchen nur die ganze Zeit Liebesgeschichten und probierte Kleider an.

MARY McCARTHY

Joseph Conrad

Ich kann Conrads Souvenirladen-Stil nicht ertragen, seine Flaschenschiffe und Muschelketten aus romantischen Souvenirs. VLADIMIR NABOKOV

Pierre Corneille

Die sonst schwer zu erklärende Erscheinung, wie ein so vortrefflicher Dichter als Corneille, dessen erste Werke auch so vortrefflich sind, nach und nach so schlecht werden konnte, erklärt vielleicht nichts so sehr als sein

Trauerspiel »Theodora«. Er hatte den Kopf voll spanischer, bewegungsvoller Stoffe und sollte diese nun in der von Kardinal Richelieu oktroyierten, durch die Alten sanktionierten und von Boileau fixierten magern und engen Form ausführen. Bordell-Zumutungen in hochtrabenden Alexandrinern ist nun freilich das Lächerlichste, ja Unanständigste, was sich denken läßt.

FRANZ GRILLPARZER

Corneille, Voltaire e tutti quanti

Die französische Poesie von Corneille bis Voltaire ist absolut negativ. Sie hat keinen Wert, sondern wirklichen Unwert, und muß also in Belagerungszustand erklärt werden.

FRIEDRICH SCHLEGEL

John Cowper Powys

Ich langweile mich allerdings ziemlich ... so sehr, daß ich sogar »Wolf Solent« las. Und das ist eine mächtige Erfahrung in Primitivität. Ich nehme an, die Herren Powys waren die ersten Schriftsteller, die es vorsätzlich darauf anlegten, ihre Leser zu langweilen, und wenn dem so ist, muß ich zugeben, daß dieser eine Bruder absolut erfolgreich ist. Es liegt auch so eine merkwürdige Schmutzschicht über dem ganzen Buch, die man gar nicht erklären kann. Ich bin sicher, daß er als Junge sich nie die Hände gewaschen hat, dafür aber Tinte trank und Mäuse in den Taschen hatte.

EDITH SITWELL

Uta Danella
Beim Knaus-Empfang saß ich neben ihr. Das goldene Ohrgehänge. Ich dachte: Sie hat an jedem Ohr einen Volkswagen hängen. – Daß sie Pferde besitzt und jeden Tag reitet, erzählte sie. Verhaut sie die auch mal? Das Gesottene ihres Körpers. Die Ähnlichkeit ihres Namens mit einer Margarinenmarke hat ihr nicht geschadet. – Wie ich das aushalte, mit dieser Frau zusammen in einem Verlag? werde ich gefragt. – Ich krieg sie doch nie zu sehen! – Einsamen Menschen schenkt sie viele schöne Stunden. WALTER KEMPOWSKI

Dante Alighieri
Das berühmte Sonett Dantes, worin er seinen Traum erzählt, könnte, wie mir däucht, nicht unglücklicher erfunden sein. Das Ganze in ein Sendschreiben einzukleiden ist nicht bloß läppisch, sondern zeigt auch, daß der Dichter dabei nichts empfand. FRANZ GRILLPARZER

Divina Commedia
Die scholastisch zerebralen Ästhetenhimmel und pedantischen Sadistenhöllen eines monoton klangreichen Lyrikers. ALBERT EHRENSTEIN

DDR-Schriftsteller
Ohne Gorbatschow würden manche heldenmütigen DDR-Schriftsteller noch heute den Stiefel küssen, der sie tritt. WOLF BIERMANN

Richard Dehmel
Ach Kinder, eben las ich in einem Berliner Tagblatt Dehmels Gedicht »Glorreicher Tag«. Pfui Teufel!
AUGUST STRAMM

Die Deutschen
Die Deutschen sind einzuteilen in Weintrinker und in Biertrinker. Die Weintrinker sind Schurken und die Biertrinker Dummköpfe. LORD BRISTOL

Dichter
Der wahre Dichter ist seiner Zeit verfallen, ihr leibeigen und hörig, ihr niedrigster Knecht. Ja, wenn es nicht den Beigeschmack des Lächerlichen hätte, würde ich einfach sagen: er ist der Hund seiner Zeit. Er läuft über ihre Gründe hin, bleibt hier stehen und dort; willkürlich scheinbar, doch unermüdlich, für Pfiffe von oben empfänglich, nur nicht immer, leicht aufzuhetzen, schwerer zurückzurufen, von einer unerklärlichen Lasterhaftigkeit getrieben; ja, in alles steckt er die feuchte Schnauze, nichts wird ausgelassen, er kehrt auch zurück, er beginnt von neuem, ist unersättlich; im übrigen schläft und frißt er, aber nicht das unterscheidet ihn von den anderen Wesen, was ihn unterscheidet, ist die unheimliche Beharrlichkeit in seinem Laster, dieses von Laufen unterbrochene innige und ausführliche Genießen; so wie er nie genug bekommt, bekommt er es auch nicht rasch genug; ja es ist, als hätte er für das Laster seiner Schnauze eigens laufen gelernt. ELIAS CANETTI

Charles Dickens
Dickens' Reichtum und bedenkenloses mächtiges Hinströmen, aber infolgedessen Stellen grauenhafter Kraft-

losigkeit, wo er müde nur das bereits Erreichte durcheinanderrührt. Barbarisch der Eindruck des unsinnigen Ganzen, ein Barbarentum, das allerdings ich, dank meiner Schwäche und belehrt durch mein Epigonentum, vermieden habe. Herzlosigkeit hinter der vor Gefühl überströmenden Manier. Die Klötze roher Charakterisierung, die künstlich bei jedem Menschen eingetrieben werden und ohne die Dickens nicht imstande wäre, seine Geschichte auch nur einmal flüchtig hinaufzuklettern.

FRANZ KAFKA

Der frühe und der mittlere Dickens liefert (...) das peinliche Schauspiel eines schrecklich volkstümlichen Schriftstellers, der sein Handwerk liederlich betreibt – ein Meister der ›Fehlkonstruktion‹, wenn Sie so wollen: auf diese Weise *kann* wohl einmal ein Treffer gelingen; das Meiste aber ist zu, und sei es noch so ›rührendem‹, Pfuschwerk verdammt. ARNO SCHMIDT

Man muß ein Herz aus Stein haben, um den Tod von »Little Nell« zu lesen, ohne zu lachen. OSCAR WILDE

Denis Diderot

Die indiskreten Kleinode

Der ekelhafteste von allen faden Romanen, vergangenen, gegenwärtigen und zukünftigen. THOMAS CARLYLE

Ein Schandgedicht. ERNST MORITZ ARNDT

Diverse

Ich nehme mir die Freiheit, Schiller für einen Dichter und sogar für einen großen zu halten, wiewohl die neuesten Imperatoren und Dictatoren unserer Literatur versichert haben, er sei keiner. Auch den Wieland wollen sie nicht gelten lassen. (...) Kürzlich hat eine Gelehrtenzeitung (...) Friedrich *Schlegel* als den ersten deutschen Dichter und Imperator in der Gelehrtenrepublik förmlich ausgerufen. Gott erhalte Se. Majestät auf Ihrem neuen Throne und schenke Denenselben eine lange und glückliche Regierung! (...) Übrigens geht es in der deutschen Gelehrtenrepublik jetzt völlig so bunt zu wie beim Verfall des römischen Reiches, wo zuletzt Jeder herrschen wollte, und Keiner mehr wußte, wer eigentlich Kaiser war. (...) *Wieland* und *Schiller* sind bereits ihres Thrones verlustig erklärt. Wie lange mir mein alter Imperatormantel noch auf den Schultern sitzen wird, läßt sich nicht vorausbestimmen (...) Doch bin ich entschlossen, (...) meine Absetzung mit Geduld zu ertragen (...). Ja, wovon sprachen wir doch gleich? Ha, von Imperatoren! Gut! *Novalis* war noch keiner; aber mit der Zeit hätte er auch einer werden können. Schade nur, daß er so jung gestorben ist, zumal, da er noch außerdem seiner Zeit den Gefallen getan und katholisch geworden ist. Sind doch schon (...) Jungfrauen und Studenten rudelweise zu seinem Grabe gewallfahret und haben ihm mit vollen Händen Blumen gestreut. Das nenn' ich einen guten Anfang, und es läßt sich davon schon etwas für die Folge erwarten. (...) *Tieck* war auch eine Zeitlang Imperator; aber es währte nicht lange, so verlor er Scepter und Krone.

JOHANN WOLFGANG GOETHE

Alfred Döblin

Unsere Werke werden die natürlich einfache proletarische Sprache bekommen, Geruch und Färbung, wie sie wirklich dem Proletariat eigen sind, eine Stoffmasse wird da sein, die wertvollste und reichhaltigste, die wir nur finden können – und unsere Dichter werden es bestimmt nicht nötig haben, wenn sie einen Roman ›Berlin Alexanderplatz‹ schreiben, in einer trotz ihrem Ultrarealismus ganz unrealistischen Methode zu arbeiten, nur um eine wahnwitzige, lebensunfähige Konstruktion zu verdecken: der Transportarbeiter unseres Romans wird ein Klassenmensch, ein Transportarbeiter sein und nicht ein künstlich gepreßtes Laboratoriumsprodukt wie der ›Transportarbeiter‹ Döblin, der seinen Existenzbeweis dadurch zu erbringen sucht, daß er einen nachstenographierten Berliner Dialekt quatscht und sich verdächtig genug die Nummer jeder Elektrischen notiert, die über den Alex fährt. Wer sich so hemmungslos atomisieren läßt, sich in Details auflöst und glaubt, daß das Summieren dieser Details ein Ganzes ergibt – der schafft keine neue Kunstform, wie es die bürgerlichen Kritiker behaupten, die eben um jeden Preis ›verklären‹ müssen, sondern der bestätigt, wenn auch sehr gegen seinen Willen, daß die bürgerliche Literatur am Ende ist. JOHANNES R. BECHER

Fast alles aus dem einstigen Kanon ist maßlos überschätzt, schlicht schwach, oder unlesbar geworden. Döblins »Alexanderplatz« zum Beispiel – ein sicher für seine Zeit enorm wichtiges, bahnbrechendes, zeichensetzendes, maßgebliches Buch. Heute geht es einem nach der Hälfte nur noch auf die Nerven, man hat die Masche begriffen, liest heraus, wo Genie am Werk gewesen ist, wo der Suff aushilfsweise eingesprungen ist – und am allerschlimmsten – man weiß, wie heutzutage noch viel mehr daraus zu machen wäre. HELMUT KRAUSSER

Fjodor Dostojewskij

Wie Sie richtig erkannt haben, sagt Dostojewskij, wenn er zu sich selbst spricht, in seinem Tagebuch, und meiner Ansicht nach sogar zuweilen in seinen Briefen, nichts als Dummheiten. PAUL CELAN (AN ANDRÉ GIDE)

Dostojewskij ist der Pickel auf der Nase der russischen Literatur. IWAN TURGENJEV

Ich für meinen Teil kann dieses ›innerliche‹ kotzige selbstquälerische kranke Zeug nicht lesen. Dostojewski war ja reiner Epileptiker – ich denke, das merkt man. Aber in diesen großen Rahmen ›Weltliteratur‹ – nein, in den nicht. In 20 Jahren ist er vergessen. Krankenhaus Spezial Litteratur. Außerdem hat er nicht den ›russischen‹ Menschen beschrieben, lediglich nur den kranken epileptischen Dostojewski – seine Russen sind immer nur er selbst, und er war kein ›typischer‹ Russe – sondern ein typischer Selbstquäler, Hypochonder, Hämorrhoidarier – und das hat man lange Zeit für ›russisch‹ gehalten. Nebenbei ist Dostojewski noch langweilig, wie immer die, die nur von sich und ihren Weh-wehchen erzählen. Dostojewski – Seelengeschmuse für höhere Töchter. GEORGE GROSZ

Ich habe in der Tat einen heftigen Widerwillen gegen »Die Brüder Karamasow« und jene schauderhafte Faselei mit dem Titel »Verbrechen und Strafe«.
VLADIMIR NABOKOV

Gummizellen-Literatur. PAUL LÉAUTAUD

»Verbrechen und Strafe« ist ein eigenartiger Titel für ein Buch, in dem es weder Verbrechen noch Strafe gibt.
JAMES JOYCE

Theodore Dreiser
»Wer schreibt schlimmer als ein Theodore Dreiser?« – »*Zwei* Theodore Dreisers.« DOROTHY PARKER

Ingeborg Drewitz
Das Schriftstellertreffen in Berlin: Man muß diese Wichtigtuer gesehen haben! – Die Drewitz war nicht dabei. Zu welchem Literaturschlag die wohl gerade ausholt?
WALTER KEMPOWSKI

Friedrich Dürrenmatt
Die *Physiker* von Dürrenmatt sind dümmer als die Stücke von Kotzebue, sie beleidigen mich fast so sehr wie der Bärentanz. Ich dachte, das würde auf der Bühne erträglicher sein als beim Lesen, aber sie sind dort noch schlimmer. Diese Illustriertenplattheiten in diesem Illustriertenjargon, ogottogott. HEINAR KIPPHARDT

Alexandre Dumas
Der Kopf von Dumas gleicht einem Gasthof, wo manchmal gute Gedanken einkehren, die sich aber dort nicht länger als eine Nacht aufhalten; sehr oft steht er leer.
HEINRICH HEINE

Alexandre Dumas fils
Er hat irgend etwas von einem Schausteller und von einem Handlungsreisenden aus Tausendundeiner Nacht. Er ist ein nüchterner Produzent, gleichsam ein Athlet des Feuilletons, trinkt keinen Wein, nimmt keinen Kaffee, raucht nicht. Seine Rede ist wortreich, aber glanzlos, farblos, geistlos: mit heiserer Stimme angelt er auf dem Grund seines enormen Gedächtnisses nach Tatsachen. Mit der

entwaffnenden Eitelkeit eines Kindes redet er fast immer von sich. EDMOND & JULES DE GONCOURT

Die Leser dieses Gentleman haben natürlich bemerkt, daß er im Lauf der Zeit mehr und mehr zum Moralisten geworden ist. Seit einiger Zeit hat er alle paar Monate etwas Erbauliches zu sagen, und er hat seine kleinen Predigten mit zunehmendem Geschmack und Geschick gehalten. Jeder hat von seinem Pamphlet über den Ehebruch gehört, in dem die Weisheit des Autors ihr letztgültiges Wort erreichte. Dies Wort – man erinnert sich – lautete: »Tue la!« – »Töte sie!« Es ließ stille Denker hochschrecken wie ein Pistolenschuß im Zirkus.

HENRY JAMES

Marguerite Duras
Der Liebhaber
Ein Schmockprodukt, wie es derzeit wirklich nur aus dem vergreisten Frankreich kommen kann. Und als Bestseller auch bei uns den Dummen das Geld aus der Tasche zieht. Zu Recht: Wer nicht lesen kann, soll zahlen.

ECKHARD HENSCHEID

Johann Peter Eckermann
Gespräche mit Goethe
Ich schaudere vor der Zeit, in der ich die *Möglichkeit* dieses Buches verstehen werde. GERSHOM SCHOLEM

Günter Eich
Herr Eich war in jenen Jahren 1 oder 2 x in der Belle-alliancestr. bei mir. Erinnere mich nicht sehr deutlich. Schien mir reichlich epigonal. Wenn Sie es mir ersparen wollen, sein Buch lesen zu müssen, wäre ich Ihnen dankbar. GOTTFRIED BENN

Joseph von Eichendorff
Nur in ganz wenigen Gedichten, so in der »Reisesehnsucht« oder im »Greisenlied«, gelingt es Eichendorff, sein kosmisches Niveau zu bewahren; die meisten andern scheinen verdammt, an der Sentimentalitäts-Klippe ihrer letzten Zeilen zu scheitern und zur Kitschgrenze abtreiben zu müssen. HERMANN BROCH

Epigone. Regierungsrat, der mit dem romantischen Apparat spielt: typisches Geplätschere, noch das Beste mit dem kurzen Atem des Lyrikers. ARNO SCHMIDT

T. S. Eliot
Wir hatten diesen merkwürdigen jungen Mann Eliot zum Essen. Seine Sätze brauchen eine so ungeheure Zeit,

sich auszubreiten, daß wir nicht sehr weit gekommen sind. Doch bis Ezra Pound und Wyndham Lewis sind wir gekommen, und daß sie große Genies seien, wie auch Mr. James Joyce – welchem ich noch eher zustimmen kann, aber ist Eliot in diesem Morast steckengeblieben? Kann seine Kultiviertheit ihn da nicht durchtragen, oder bringt einen Kultiviertheit genau dahin? Nicht daß ich mehr als zehn Worte von Ezra Pound gelesen hätte, aber meine Meinung bezüglich dieses Humbugs ist nicht zu ändern. VIRGINIA WOOLF

Doch dies ist Mr. Eliots Art zu reagieren – die automatische. Irgend etwas berührt einen Knopf, und sofort kommt es heraus. Wenn man zu ihm hingeht und, fünf Minuten nachdem er auf diese Art einen Wortschwall losgelassen hat, ausruft: »Ha, jetzt hab' ich dich, Bursche! Was hast du dir eigentlich gedacht, als du dies und dies geschrieben hast?«, ist er glatt fähig, völlig distanziert zu antworten: »Wer schrieb da was? Tut mir leid, ich kann dir überhaupt keine Antwort geben! Ich habe nicht die leiseste Idee!« Oder er sagt, das sei ja schon vor einem Jahr ausgebrütet worden, und in der Zwischenzeit sei viel passiert. WYNDHAM LEWIS

Ich war im »Mord im Dom« von Eliot. Kostümlich, figürlich, schauspielerisch gut, das Stück als solches scheint mir reichlich harmlos und konfus. Die katholischen Blätter jauchzen. Es müßte in Bonn aufgeführt werden als Propaganda für die schwache Adenauermehrheit.

GOTTFRIED BENN

Sein Dichterherz ist gestorben und separat begraben worden, dennoch fährt er fort, das Grab heimlich zu besuchen und Blumen draufzulegen. ROBERT GRAVES

Die Wally Simpson der amerikanischen Literatur.
VLADIMIR NABOKOV

Paul Eluard
Ein Mann ohne jedes Talent. ALDOUS HUXLEY

Hans Magnus Enzensberger
Daß Enzensberger, der sicher als Museumswärter seine größten Meriten hat, mit den Avantgarden auf Kriegsfuß steht, ist nicht weiter verwunderlich, teilt er diese haßvolle Abneigung doch mit dem Mainstream der west- wie ostdeutschen Nachkriegsliteratur. THOMAS KLING

Wolfram von Eschenbach
Wer aber nun nach Art des Hasen
auf dem Feld der Dichtkunst
Hochsprünge machen und Haken schlagen will
mit zusammengewürfelten Worten
und sich auf den Lorbeerkranz Hoffnung macht,
ohne daß ihm jemand dabei folgen kann,
der lasse *uns* in der Hoffnung,
bei dieser Wahl auch noch ein Wörtchen mitzureden.
GOTTFRIED VON STRASSBURG

Expressionisten
Ein Geschlecht Zwanzigjähriger nach dem andern ist als literarische Generation frisiert und eingekleidet worden, in Druck und Schaufenster geschoben, in gegenseitiger Aufpuffung nach kurzer Zeit zerplatzt und durch neue Ware ersetzt worden. Was ist von der giftig schillernden Seifenblase der »expressionistischen Literatur« übrig, als ein Tropfen schmutziges Wasser? RUDOLF BORCHARDT

William Faulkner

Wenn ich sagen würde, daß William Faulkner zu gleichen Teilen aus Sherwood Anderson und Powys komponiert worden ist, hätte ich damit alles von meinem Standpunkt aus Notwendige gesagt. Eine gigantische 480-seitige Sittenpredigt wie »Light in August« ist ausgesprochen ertraglos und ermüdend: Ein Calvinistischer Moralist, der sich, auch zugunsten der Verkaufsträchtigkeit, an Hack-, Schlitz- und Schneideszenen ergötzt, ist für mich unter der Gürtellinie, wenn nicht Hurerei.

WYNDHAM LEWIS

Auch mich machte Faulkner nervös, so daß ich nicht weiter las. Ich bin mir aber unklar darüber, welches die Ursache war. Wahrscheinlich, wie Sie sagen, die Monumentalität der Diktion und das Familienhafte des Inhalts. Man will das ja garnicht so genau wissen von den alten Tanten u. Vorfahren. GOTTFRIED BENN

New Orleans Sketches

Ganz allgemein wäre noch zu sagen : daß das Buch ein recht kurioses, mehr ›mixtum‹ als ›compositum‹ darstellt. Ausgesprochene Jugendarbeiten, meist aus dem sehr nachdenklichen Zeitpunkt, wo ein ›junger Lyriker‹ – ein ›falscher‹; denn F. war ja wohl unleugbar zum Prosaschreiber prädestiniert – ›umschlägt‹. Daher die anfänglichen ›Gedichte in Prosa‹; daher auch der ›falsche Ton‹ in einer ganzen Anzahl der Produktlein – maßlos interessant für den Fachmann & Literaturhistoriker; für den *Leser,* der mit der Vorstellung von ›WILD PALMS‹ an die Stücke heran geht, vielleicht=vielleicht I Enttäuschung? Seien Sie jedenfalls darauf gefaßt, daß das Buch ›geht‹; denn es trifft nur allzuoft die bei uns immer beliebter werdenden sentimentalistischen, zaghaft=heuchelnden Töne.

ARNO SCHMIDT

Lion Feuchtwanger

Besonders gern höre ich ihn über sich selber sprechen, seine persönlichen Angelegenheiten, seine Verlags- und Übersetzungsprobleme, seine weiträumigen Erfolge, – und wirklich, er spricht häufig und ausführlich davon.

THOMAS MANN

Georges Feydeau

Ich beende, mühsam und im Galopp, Seiten überspringend, die absurde »Fanny« von Feydeau, die ich vor mehr als einem Monat angefangen habe. Nichts hindert dieses Buch daran, ein schönes Buch zu werden – bis auf den Autor. Liebestiraden, die jenen von Dumas fils schon sehr benachbart und fast ebenso schlecht sind. Eine Art »Glaube an die Liebe«, die wohl eine der dümmsten und lächerlichsten Erfindungen unserer Literatur ist.

ANDRÉ GIDE

Henry Fielding

Fielding hatte etwa so viel Humor wie Addison, aber da er keine Ahnung von Anmut hatte, ist er durchweg abstoßend.

HORACE WALPOLE

Gustave Flaubert

Das Werk Flauberts ist nichts anderes als eine Projektion der Kamera. Flaubert war Photograph. Nicht nur als

Künstler, sondern auch als Mensch. Aufgrund seines stattlichen Äußeren, des maskulinen Selbstbewußtseins, des stiernackigen Stolzes ist Flaubert der klassische Typ des Photographen: des Provinzphotographen.

ALBERTO SAVINIO

Viele Schriftsteller schreiben ungefähr so, wie sie aussehen. Nicht alle, Flaubert schrieb hundertmal besser, als er aussah. HELMUT KRAUSSER

»Nur im Sitzen kann man denken und schreiben« (G. Flaubert). – Damit habe ich dich, Nihilist! Das Sitzfleisch ist gerade die *Sünde* wider den heiligen Geist. Nur die ergangenen Gedanken haben Wert.

FRIEDRICH NIETZSCHE

Flaubert starb 1880, von fast niemandem betrauert. Manche betrachteten ihn als einen Narren, manche als einen Schulmeister, manche als einen Schädling, alle aber, was in Frankreich das Todesurteil bedeutet, als langweilig.

EGON FRIEDELL

Der alberne Flaubert, und die Langeweile, die von der Vollkommenheit der Form ausgeht. Ich vergleiche Flauberts Stil mit Lack, und Lackiertes mag ich nicht.

PAUL LÉAUTAUD

Und heute kennen wir die Schranken zwischen Flaubert und uns. Im Grunde ist er provinziell und ein Effekthascher. Man ahnt, daß all diese großen Reisen, die er unternommen hat, auch ein wenig die Leute in Rouen zum Staunen bringen sollten. Sein Geist ist plump und teigig wie sein Leib. Erlesene Dinge scheinen ihn kalt zu lassen. Empfänglich ist er vor allem für Phrasendrescherei. Im

Gespräch ist er ziemlich einfallslos, und seine Gedanken trägt er laut und feierlich vor. Er hat den Geist und die Stimme eines Prunkredners. Die Geschichten, die Figuren, die er entwirft, riechen nach Fossilien aus der Unterpräfektur. Er trägt weiße Westen von vor zehn Jahren, in denen Macaire Eloa den Hof machte. Gegen die Académie und den Papst ist ihm ein heftiger Zorn verblieben und eine Entrüstung, für die das gleiche gilt, was de Maistre über den Unglauben sagt: »Das ist pöbelhaft!«

EDMOND & JULES DE GONCOURT

Er hat etwas Provinzielles und Angeberisches an sich. Sein Geist ist dick und bequem wie sein Körper. Die feinen Dinge scheinen ihn nicht zu bewegen. Er ist vor allem für die Pauke der Sätze empfänglich. Es gibt sehr wenig Ideen in seiner Konversation, und die werden mit Getöse und feierlich präsentiert. Sein Geist ist wie seine Stimme: deklamatorisch. Er ist plump, maßlos und ohne jede Leichtigkeit in allem, im Scherz, in der Karikatur, in der Imitation der Imitationen von Monnier. Seiner Ochsenheiterkeit fehlt der Charme.

EDMOND & JULES DE GONCOURT

M. Flaubert und seine Zeitgenossen haben die Erziehung der Sinne und die Kultivierung des Grotesken in Literatur und Kunst so weit getrieben, daß sie moralisch gestrandet und hilflos geworden sind. In der Wahrnehmung des stofflich Besonderen, der fantastischen Feinheit des Geschmacks, der ausgesprochenen Schärfe des Ausdrucks scheinen sie die Grenzen des Möglichen erreicht zu haben. Hinter M. Flaubert steht eine ganze Gesellschaft von ästhetischen Feingeistern, die nach immer schärferen Gewürzen in ihrer intellektuellen Kost verlangen. Aber wir bezweifeln, daß er oder einer seiner Kollegen auf

Dauer das Publikum befriedigen kann, aus dem einfachen Grund, daß der menschliche Geist, selbst bei mäßiger Gesundheit, ernährt werden muß und nur dürftig unter einem Regime von Gewürzen und Saucen gedeiht. Es bedarf früher oder später – um unsere Metapher weiterzuführen – eines Körper-Geschmacks, und wir wären alle sehr überrascht, wäre jemals einer in *Die Versuchung des Hl. Antonius* zu finden.

HENRY JAMES

Flauberts Ideen sind dazu angetan, jeden Menschen von gesundem Verstand verrückt zu machen. Sie sind absurd und so widersprüchlich, daß jeder, der versuchte, sie miteinander in Einklang zu bringen, bald nur noch den Anblick eines Menschen böte, der beide Hände an den Kopf preßt, um ihn am Zerspringen zu hindern. Flauberts Denken ist ein Ausbruch und ein Zusammenfallen zugleich. Er war in sich selbst vielfältig, aber obendrein war er verrückt, und die Teile, aus denen er sich zusammensetzte, neigten unablässig dazu, auseinanderzubrechen.

ANATOLE FRANCE

Hüte dich, die kritischen Urteile Flauberts über die Realität ernst zu nehmen: sie folgen keinem anderen Grundsatz als diesem: alles ist Dreck, außer dem gewissenhaften Künstler.

CESARE PAVESE

Theodor Fontane

Das Pläsierliche, das das ganze epische Œuvre durchspinnt, vielmehr: trägt und bindet, entzieht ihm den Rang. Das Pläsierliche, ein Präservativ der Moral, eine Hemdsärmligkeit des Charakters, eine fritzisch freiheitliche Form des Stils, exerziert nach allround und Commonwealth.

GOTTFRIED BENN

Der notorische Leisetreter in Adelsachen und sogar Falsifikant ... Wessen Fontane als Chronist fähig ist, und wie er nach Belieben Fakten fälscht, davor kann nicht genug gewarnt werden. ARNO SCHMIDT

Seine Muse ist ein ältliches Stiftsfräulein mit Stielbrille & Lavendel im Pompadour. ARNO SCHMIDT

E. M. Forster

Blätterte in »Howard's End« und fand es nicht gut genug. Forster kommt nie über das Wärmen der Teekanne hinaus. Darin ist er großartig. Fasse die Teekanne an. Ist sie nicht schön warm? Ja, schon, aber Tee wird es nicht geben. Und man ist nie ganz sicher, ob Helene nun von Leonard geschwängert worden ist oder von seinem vergessenen Regenschirm. Wenn man alles genau überlegt, ist es wahrscheinlich der Regenschirm gewesen.

KATHERINE MANSFIELD

Georg Forster

Forster, der Weltumsegler. Hat sich wieder nach Stürmen gesehnt, und ist von der Revolution verschlungen worden. WILHELM HEINSE

Kunstrat Fraischdörfer

Du elende frostige Lothsalzsäule! Du ausgehöhlter Hohlbohrer voller Herzen! Ausgeblasenes Lerchen-Ei, aus dem nie das Schicksal ein vollschlagendes, auffliegendes, freudetrunknes Herz ausbrüten kann! Sage, was du willst, denn ich schreibe, was ich will. JEAN PAUL

Anatole France
Alle diejenigen unter unseren Vätern und Onkeln, die uns lieb sind, hat dieser Großvater entweder gar nicht gekannt oder verhöhnt. DRIEU LA ROCHELLE

Sigmund Freud
Auffällig aufgemacht, herausfordernd geschminkt, anzüglich und erregend aufgetakelt, streicht also FREUD über den Asphalt, auf der Jagd nach Befremdlichem, und auf dem Heimweg ranzt er noch Schriftsteller an ... Dem Seelenarzt aus Österreich fehlt also nichts mehr als der Segen des Papstes und die thomistische Versöhnung von Psychoanalyse und katholischer Lehre und Liturgie, dann hätte er es geschafft, wäre im eigenen Saft gedünstet, durchgebraten wie Backhuhn. LOUIS ARAGON

Eine Mischung aus Talmud und Junggesellenliteratur.
EGON FRIEDELL

Ich lehne die vulgäre, schäbige, durch und durch mittelalterliche Welt Freuds mit ihrer spinnerten Suche nach sexuellen Symbolen und ihren verbitterten kleinen Embryonen, die von ihrem natürlichen Versteck aus das Liebesleben ihrer Eltern bespitzeln, ganz und gar ab.
VLADIMIR NABOKOV

Gustav Freytag
siehe unter: Theodor Storm, G. Freytag und C. F. Meyer

Erich Fried
Man sollte keine Jagdscheine verteilen, dafür sind wir nicht zuständig: Von dem Leben der Emigranten können wir uns keine Vorstellung machen. (...) Ich glaube, Erich

Fried hat zweiunddreißigtausend Gedichte geschrieben. Ich habe leider kein einziges lesen können. (...) Man darf es nicht aussprechen, daß seine Gedichte unerträglich sind. Wenn man es doch tut, kriegt man einen Punkt in Flensburg. 21 Dramen von Shakespeare hat er übersetzt. Warum bloß? WALTER KEMPOWSKI

Egon Friedell

Lektüre Egon Friedell: *Kultur ist Reichtum an Problemen* (Sentenzen, Extrakte, Aphos). Wie fremd mir eigentlich solche apodiktische Schreibweise ist: »Es ist eine bekannte Tatsache, daß ...« – »Der Mensch ist dazu da ...« – »Das Volk will niemals ...« – »Der Zweck des Lebens kann niemals ...« – »Menschsein heißt ...« – »Der Dichter hat ...« – »Ein Dichter wird ...« pp. pp. Bei solchem Verfügungsidiom kann ich fast nicht mehr weiterlesen, weil es mir dann beinahe schon gleich ist, ob der Dichter nun kann oder die Menschheit schon hat.

PETER RÜHMKORF

Max Frisch

Max Frisch ist ein flotter Kerl, aber was er schreibt, ist manchmal ganz furchtbar. Er ist ein merkwürdiger Autor der Fehlleistungen. Nehmen Sie *Biedermann und die Brandstifter*, wo er die Brandgefahr als Symbol für die existentielle Bedrohung gesetzt hat. Das ist ein Stück, das einfach nicht zutrifft, denn in der Schweiz ist doch jedermann brandversichert. FRIEDRICH DÜRRENMATT

Homo faber

Eine Inzest-Schnulze für überreife Väter und unbekannte Töchter – oder wenn literarische Impotenz fruchtbar werden will. FRITZ EYCKEN

Madame Frohberg-Friedländer
Madame Frohberg-Friedländer ruht auf den Lorbeern, die ihr Goethe und der Philolog Wolf über ein grundschlechtes Geschreibe, Roman genannt, in Teplitz und Karlsbad vorwarfen. Ich habe, ohne je verstanden zu sein, mich viel mit ihr gezankt ... Ich zanke mich nicht mehr mit ihr. Sie ist überzeugungsunfähig. Nämlich so: Wenn sie auch keine Gegengründe mehr hat, und man glauben muß, nun sei sie überzeugt, so handelt sie im nächsten Moment wieder nach ihren alten reduzierten Ursachen, oder Gründen, wie sie es nennt. RAHEL VARNHAGEN

Robert Frost
Er ist ein bösartiger, selbstsüchtiger Bastard, ein egomanischer zweifach verfluchter Bastard. TRUMAN CAPOTE

John Galsworthy

Galsworthy, diese kapitalistische Fregatte, über dessen Familientragödien heute bereits die Backfische lachen.

GOTTFRIED BENN

Elisabeth Gaskell

Sylvia's Lovers

Und ich habe mich ziemlich gelangweilt mit »Sylvia's Lovers« – obwohl die Substanz eigentlich sehr zufriedenstellend ist. Aber wogegen ich was habe bei den Autoren der mittleren viktorianischen Periode ist ihre glatte sprachliche Gewandtheit – als ob Mrs G. sich zum Schreiben hinsetzte mit der Katze auf ihrem Schoß.

VIRGINIA WOOLF

Stefan George

Er hat einen Haufen von Büchern in sich hineingelesen, die nur gut eingebunden sind, und mit Leuten verkehrt, die von Renten leben. So bietet er den Anblick eines Müßiggängers, statt den vielleicht erstrebten eines Schauenden. Die Säule, die sich dieser Heilige ausgesucht hat, ist mit zu viel Schlauheit ausgesucht, sie steht an einer zu wolkenreichen Stelle, sie bietet einen zu malerischen Ausblick.

BERTOLT BRECHT

Sie halten George für einen großen Dichter. Ich für einen großen Taschenspieler. Es ist nicht die Zeit, Respekt vor einem Kerl zu bezeugen, der uns einen großen Teil der Scheiße eingebrockt hat, erhabene Scheiße meinetwegen.

JOSEPH ROTH

Karl Valentin ist mir lieber als Stefan George. ROR WOLF

Ein großer Mysterienschänder. RUDOLF BORCHARDT

Die höchste Sensation des modernen Literaturjahrmarktes. Der raffinierteste Grotesktänzer der zeitgenössischen Lyrik. OTTO JULIUS BIERBAUM

Er manikürt seine Gedichte. ELSE LASKER-SCHÜLER

Renaissance-Epigone. RUDOLF BORCHARDT

die pontifikale linie der deutschen lyrik wird bei GEORGE unter der maske der verachtung der politik ganz offen konterrevolutionär, d.h. nicht nur reaktionär, sondern wirkend für die konterrevolution. george ist unsinnlich und setzt dafür verfeinerten kulinarismus. (...) bei GEORGE hat man einen extremen subjektivismus, der als objektiv auftreten möchte, indem er formal klassizistisch auftritt. BERTOLT BRECHT

Shakespeares Sonette, übersetzt von George
Dieses Werk, 1909 erschaffen, hat mit einer bescheidenen Auflage den Weltkrieg durchgehalten. Unmittelbar nach ihm, und wenn die Welt voll Teufel wär', neu erstanden, hervorgeholt in den Tagen, da alles Deutschtum Zuversicht in George suchte, macht es den Eindruck eines Planes kultureller Vergeltung, in dem Sinne, dem damals verbreiteten Wunsch, daß Gott England strafen möge, die Tat auf dem Fuße folgen zu lassen. War dies der Fall, so ward, Gott sei's geklagt, die Rute schwer gezüchtigt; das Deutsche hat noch mehr gelitten. Ich bin nach dieser Tat, und nach dem Vergleich mit früheren und späteren Taten deutscher Kriegsführung gegen die eigene Sprache,

zu dem Entschlusse gelangt, es mit Shakespeare zu versuchen und mit George aufzunehmen, wozu ich nicht so sehr der Kenntnis des Englischen als des Deutschen bedarf. Das Englische gibt mir George. KARL KRAUS

Stefan George hat Baudelaire und Mallarmé nach Deutschland gebracht, eine zu schwere Last für seine Gestalt, die in hieratischer Gebärde erstarrt. ALFRED ANDERSCH

Der Teppich des Lebens
Ich finde auch, was hinter dem ganzen Kram steckt, nicht sehr bedeutend. RUDOLF ALEXANDER SCHRÖDER

George, Rilke und Altenberg
Lies diese Leute nicht, diese Narren, George, Rilke, Altenberg. Das sind alles Kranke, die ins Spital gehören und die auf den Krücken ihrer Verse einen lahmen Veitstanz ausführen. Ich mag sie alle nicht recht.
GEORG HEYM

Paul Géraldy
Aus dem großen Bereich neuer deutscher Stücke wurde »Les noces d'argent« des Franzosen *Paul Géraldy* gewählt; der deutsche Titel ist »Hochzeitstage«. Paul Géraldy war bisher in Wien unbekannt(...), sein neuestes, in Paris in Vorbereitung befindliches Stück heißt »L'amour«, die Liebe, was uns freundlich an unsren Burgtheaterdirektor erinnert und hoffen läßt, daß wir in Österreich einmal wenigstens etwas schon hinter uns haben, was den Franzosen erst bevorsteht, und die »Hochzeitstage« waren die erste Novität der französischen Staatsbühne während des Krieges, was ein gutes Zeichen für den deutschen Geschmack ist. Gründe genug, die zu einer Aufführung

drängten. Es kommt hinzu, daß man nur einer ehrwürdigen Burgtheatertradition folgt, indem man keine deutschen Stücke spielt, und daß man sich damit gar nicht genug beeilen konnte, denn die Notwendigkeit, sich vor der französischen Kunst zu *beugen,* lag gewissen Wiener Kreisen sozusagen schon auf der *Zunge* (wenn es auch Afterkunst ist): Mit einem Wort, wir haben nach langer Entbehrung wieder das ›feine französische Lustspiel‹. Wie sieht es aus? Wie ist es inzwischen geworden? – Feuilleton. Aber, alle Achtung, ein Feuilleton, das wir erst in zwanzig Jahren haben werden. – Und außerdem etwas melancholisch. ROBERT MUSIL

Robert Gernhardt
Seine Mühle klappert und klappert; doch sie mahlt kein Korn, sondern Popcorn. FRITZ J. RADDATZ

Edward Gibbon
Gibbons Stil ist verabscheuungswürdig; aber das ist noch nicht einmal das Schlimmste an ihm.
SAMUEL TAYLOR COLERIDGE

André Gide
Wenn Sie zehn Minuten lang laut André Gide lesen, fangen Sie an, übel aus dem Mund zu riechen.
FRANCIS PICABIA

André Gide ist weder ein Stallbursche noch ein Hanswurst, sondern eine Nervensäge. LOUIS ARAGON

Nehmen Sie den alten Gide: der frühere ist bewundernswert, aber jetzt auf der einen Seite ein calvinistischer

Puritaner und auf der andern ein pedantischer Exhibitionist. GOTTFRIED BENN

Unser Freund G. soll 10 000 Mark wert sein, wenn man ihn totmacht. Ich halte das für Pariser Quatsch. Wesentlich peinlicher war ein großer Artikel Ehrenburgs, den Du ja gelesen haben wirst. Gide ist auf einmal ein großer Mann, weil er erklärt hat, »für die Sowjet-Union sterben« zu wollen. Na, höre mal! Ehrenburg, dieser Etappenkrieger, der das strenge Leben in Rußland genausowenig führt wie der reiche Herr Gide, macht sich über die »enttäuschten Skeptiker in den französischen Cafés« lustig. Ich meine, daß man über die gemeine Haltung der Russen kaum noch enttäuscht sein kann – hierhin gehören Fußtritte. Jetzt, heute noch, im Radio Appelle loszulassen: »Proletarier aller Länder vereinigt euch!« und sich dann mit den Peinigern eben dieser Proletarier zu verbinden, was man »realistische Politik« nennt – also das doch wohl nicht. Und wie wenig Mut gehört für Gide dazu, diesen Zimt loszulassen. Er badet es keinefalls aus. – Ich finde überhaupt, daß die Gattung Schriftsteller, die da als »internationale Größen« ausgeschrien werden, wenig erfreulich ist. Blaß, leer – Leute dritten Ranges, die für die Redaktionen gut verwertbar sind – ich mag das gar nicht und lese es auch nicht. KURT TUCHOLSKY

André Gide says somewhere (I quote from memory) that Henry James was intelligent but not interesting. Disregarding the possibility that, with the passing of the years, a similar judgement threatens Gide himself, one sees this might be a valid objection to James as a novelist.

ANTHONY POWELL

Ob wohl eines Tages die ungeheuerliche Blödheit von Gides Tagebuch bemerkt werden wird? Dieser Wust von Lügen und Tändelei, der vorgibt, die Wahrheit zu sagen, und nicht über das Pittoreske hinausgelangt ... ein besonders trostloses Herbarium, eine höchst unbedeutende Sammlung von getrockneten Pflanzen, mit lateinischen Namen versehen. JEAN COCTEAU

Jean Giraudoux

Ich lese noch einmal »Der trojanische Krieg findet nicht statt« von Giraudoux (ich hatte die Aufführung seinerzeit gesehen). Man wird sich bald über das Publikum wundern, das diesem Ballett von Sophismen, diesem Spitzentanz nervenzerrüttender Paradoxien zugestimmt hat, ja, davon hingerissen war. Ich glaube, daß die Angst, nicht auf der Höhe zu sein, viel zum Erfolg des Stückes beigetragen hat. ANDRÉ GIDE

Giraudoux' Preziosität. Das Entzücken der Intellektuellen. Man vergleicht ihn immer mit Racine. Racine war das genaue Gegenteil von preziös: grausam und direkt.
JEAN COCTEAU

Johann Wilhelm Ludwig Gleim

Der undurstigste aller Dichter.
FRIEDRICH GOTTLIEB KLOPSTOCK

Johann Wolfgang Goethe

Nicht halb so bedeutend, wie Ihnen in der Schule – wozu auch Universitäten gehören – eingeredet wurde; vielmehr bewußt ›aufgebaut‹, bis heute. 20 % des Œuvre, höch-

stens, sind gut; aber mit neuen ›Gesamtausgaben‹ sollte man den Büchermarkt nicht mehr belasten: weniger Goethe!
ARNO SCHMIDT

Goethe ward auf der Flucht vor sich, aus Angst vor einem ihn – Gott behüte! – sprengenden Sturm- und Dranggenie ein vortrefflicher Akademiker; froh, für seine Person dem mühsam gebändigten Chaos entronnen zu sein, läßt er es niemand schauen.
ALBERT EHRENSTEIN

Goethe nimmt häufig zu wenig Rücksicht auf seine Leser.
FRANZ GRILLPARZER

Ich hoffe es noch dahin zu bringen, daß man den Namen Goethe nur mit ironischem Schmunzeln aussprechen wird.
JAKOB VAN HODDIS

Ich finde, Goethe ist dort am klassesten, wo er a Sau iss.
GERHARD RÜHM

Was Du mir von Goethe schreibst, meine Theure, hat mir den Charakter dieses aufgeblasenen Gecken noch um ein gut Teil ekelhafter und verächtlicher gemacht. Ich kehre ihm auf ewig den Rücken zu, wie fast alle rechtschaffene Männer unserer Nation lange vor mir schon getan haben.
FRIEDRICH HEINRICH JACOBI

Goethe läßt ein allprüfendes Gewissen insofern vermissen, als er seine Nachfahren, die seiner Epoche reifstes Bekenntnis von ihm fordern müssen, ganz im unklaren über den Geist des Krieges läßt, den er aus zahlreichen Feldzügen hätte ergründen und begrifflich für sie bilden müssen.
CARL STERNHEIM

Zu Goethe. Der Inbegriff seiner Werke ist der Abdruck einer eigennützigen, kalt gewordenen Seele.

FRIEDRICH SCHLEGEL

Wahrheit der Szenen ist ihm Alles, ohne daß er sich eben um das Pünktchen der Waage, das auf's Gute, Edle, auf die moralische Grazie weiset, ängstlich bekümmert. Im Grunde ist Dies der Fehler bei mehreren seiner Schriften. Er hat sich also auch ganz von meinem Urteil weggewandt, weil wir hierinnen so verschieden denken. Ich kann es weder in der Kunst noch im Leben ertragen, daß dem, was man Talent nennt, wirkliche, in sonderheit moralische Existenz aufgeopfert werde und Jenes alles sein soll. Die Marianen und Philinen, diese ganze Wirtschaft ist mir verhaßt. JOHANN GOTTFRIED HERDER

Viel zu früh (und wie gern!) hat er philosophisch resigniert, um sich desto eher und beruhigter dem vollen »tüchtigen« Leben widmen zu können. Zur Feststellung: »Nach oben ist die Aussicht uns verrannt ...« hatte *er* sich gar kein Recht erworben! Urangst hatte er, nichts weiter! Goethe, das ist die Angst vor dem Weltall, dem Leid der Kreatur, dem Tode, also (unerbittlich!): das ist die Flucht vor der Wahrheit. Daher letzten Endes sein majestätisch getarnter Abscheu vor den »krankhaften Sujets« in der Literatur (leider verstand er eben nur Alles darunter, was ihm »das Innre störte«). Und erinnere Dich des unheimlichen Faktums (bei Eckermann), daß Niemand vom »Tode« seines Sohnes August reden durfte; er sagte nur hastig zu Ottilie, und wenns sonst erwähnt wurde: er kommt nicht wieder – – da greifst Du's mit Händen!! – ARNO SCHMIDT

Der größte deutsche Dichter? Der junge Goethe, ehe er Frankfurt verließ. LUDWIG TIECK

Mir scheint es zuweilen, als ob das Gebiet der eigentlichen Poesie erst da beginne, wo Goethe aufhört.

KARL IMMERMANN

Goethe ist ohne Wort Gottes. FRIEDRICH SCHLEGEL

Goethe. – Die Welt war Glück, war positiv: er hatte es ja erlebt und erlebte es noch täglich; er hatte wie ein Sultan (Schach Gebal – weißt Du noch?) den Beweis in Händen. Wer unglücklich war, gequält war, hatte also Unrecht (Kleist, Grabbe, Hoffmann, etc.); noch mehr: er war wohl irgendwie schuldig, verdächtig, gezeichnet, zu meiden! Er war instinktiv »objektiv«, ein Wesen der Oberfläche; jede Tiefe erspürte er sogleich als feindlich-unheimlich, und kehrte um, mit all dem brutalen Egoismus, mit dem er die Falschheit (Verlogenheit) seiner Weltkonzeption um jeden Preis schützte; deshalb lehnte er auch die Beschäftigung mit den fundamentalen Problemen des Seins überhaupt ab (nach dem Rezept »Das Unerforschliche ruhig verehren«). Er wollte nicht Wahrheit, sondern persönliche Sicherung. ARNO SCHMIDT

Goethe hatte eine ungeheuer hindernde Kraft, er ist ein grauer Star im deutschen Auge. Seit ich fühle, habe ich Goethe gehaßt, seit ich denke, weiß ich warum.

LUDWIG BÖRNE

Goethens Charakter ist fürchterlich; das Genie ohne Tugend *muß* dahin kommen! JEAN PAUL

Öfters um Goethe zu sein, würde mich unglücklich machen. Er hat auch gegen seine nächsten Freunde kein Moment der Ergießung, er ist an nichts zu fassen. Ich glaube in der Tat, er ist ein Egoist in ungewöhnlichem

Grade.... Ich betrachte ihn wie eine stolze Prüde, der man ein Kind machen muß, um sie vor der Welt zu demütigen. FRIEDRICH SCHILLER

Mich drängt' es in ein Haus zu gehen,
Drin wohnt ein Künstler und Minister.
Den edlen Künstler wollt' ich sehn,
Und nicht das Alltagsstück Minister.
Doch steif und kalt blieb der Minister
Vor meinem trauten Künstler stehn,
Und vor dem hölzernen Minister
Kriegt' ich den Künstler nicht zu sehn.
Hol' ihn der Kuckuck und der Küster!

GOTTFRIED AUGUST BÜRGER

Wie treibt's nur der alte Goethe? Ich höre, er hat »Stella« zu einem Trauerspiel umgearbeitet, worin Fernando und Stella verdientermaßen umkommen. Es scheint, er will alle seine Jugendsünden wieder gut machen; er hat schon vorlängst mit »Claudine von Villa Bella« angefangen. Nur vor einer Sünde hütet er sich nicht, die am wenigsten Verzeihung hoffen kann, nämlich die Sünde wider den heiligen Geist. Sein Winkelmann, das sind wieder verkleidete *Propyläen,* die also das Publikum doch auf alle Weise hinunterwürgen soll. Und was soll uns eine steife, ganz französisch lautende Übersetzung eines Dialogs, den Diderot selbst vermutlich verworfen hat? AUGUST WILHELM SCHLEGEL

Bei seiner Ministerschaft in Weimar ist Goethe mir im vergangenen Sommer oft mit einer Trockenheit und Kälte begegnet, als ob ich aus seinem alten Freunde ein subalterner Diener oder Supplicant geworden wäre.

JOHANN HEINRICH MERCK

Goethe ißt doch ziemlich stark. Im Lauf des Vormittags trinkt er ein großes Wasserglas Wein und ißt Brot dazu und am Weihnachtsfeiertag sah ich ihn des Morgens eine solche Portion Napfkuchen verzehren, daß es mich wirklich wunderte. WILHELM VON HUMBOLDT

Und Herr Goethe, was ist das für ein Mensch! Welcher Hochmuth, welche Hoffarth! Jetzt läßt er alle seine Handzeichnungen, wie sie jeder aus seiner Jugend aufzuweisen hat, im Kupferstiche erscheinen. Der verkauft noch seine Windeln spannenweise! Pfui!

LUDWIG BÖRNE

Göthe hätte ein Herkules sein können, sein Vaterland von großem Unrathe zu befreien; aber er holte sich bloß die goldenen Äpfel der Hesperiden, die er für sich behielt, und dann setzte er sich zu Füßen der Omphale und blieb sitzen. Wie anders lebten und wirkten die großen Dichter und Redner Italiens, Frankreichs und Englands!

LUDWIG BÖRNE

Es lassen sich auf dem Felde der Schriftstellerei zwar wichtigere Verdienste erwerben, als die seinen sind: aber auch diese sind nicht verächtlich. Wir besitzen von ihm etwa ein Viertelhundert gelungener Gedichte, ein Dutzend Dramen, von denen sich ein paar jährlich einmal ohne einzuschlafen ansehen lassen, ein nicht ganz schlechtes episches Gedicht, ein Paar Romane, die beide berühmt sind und von denen der eine auch gut ist – und ungefähr fünf bis sechs in verschiednen Schriften zerstreute *gesunde* Gedanken über schöne Kunst. GARLIEB MERKEL

Goethe ist im Grunde nichts anderes, als der Heilpraktiker der Deutschen, der erste deutsche Geisteshomöopath.

Das ganze deutsche Volk nimmt Goethe ein und fühlt sich gesund. Aber Goethe ist ein Scharlatan, wie die Heilpraktiker Scharlatane sind, und die Goethesche Dichtung und Philosophie ist die größte Scharlatanerie der Deutschen. Allen verdirbt er den Magen, nur den Deutschen nicht, sie glauben an Goethe wie an ein Weltwunder. Dabei ist dieses Weltwunder nur ein philiströser philosophischer Schrebergärtner. Seine Theaterstücke sind gegen die Stücke Shakespeares beispielsweise so gegeneinander zu stellen wie ein hochgewachsener Schweizer Sennhund gegen einen Frankfurter Vorstadtdackel. Goethe ist der Totengräber des deutschen Geistes. THOMAS BERNHARD

Der Großmeister der Platitüde. JAMES JOYCE

Goethe hat in Deutschland die feuilletonistische Degeneration des Romans eingeleitet. ALFRED DÖBLIN

Goethe war kalt, indifferent; er sympathisierte nur mit der Ewigkeit, nicht auch mit der Zeit, die ein integrierender Teil von jener ist. GEORG HERWEGH

Daß ich dem Aristokratenknecht Göthe mißfalle, ist natürlich. Sein Tadel ist ehrend, seitdem er alles Schwächliche lobt. Er fürchtet die anwachsenden Titanen. Er ist ein schwacher abgelebter Gott, den es verdrießt, daß er nichts mehr erschaffen kann. HEINRICH HEINE

Ein Italiener, der Goethe eins auswischen wollte, veröffentlichte einen kurzen Artikel, in dem er ihn ständig »il signore Wolfgang« titulierte. Für Goethe war das nahezu schmeichelhaft, denn die Polemik verschwieg, daß an stichhaltigen Argumenten gegen Goethe kein Mangel ist. JORGE LUIS BORGES

Goethe kann fast alle seine Werke auf den Nagel hersagen, denn es sind Emanationen seines Ichs, das er unbeschränkt lieb hat. Goethe ist der größte Egoist, den ich je kennen lernte. CHRISTOPH MARTIN WIELAND

Göthe hat gewiß poetische Momente, wo er sich für den Heiligen Geist, die Vulpia für die gebenedeite Jungfrau und seinen Jungen für das Christuskind hält.

C. M. WIELAND

Göthe ist mir widerlich – schätze ich überhaupt nicht. Ein Leisetreter, ein Fürstendiener, ein Spießer – und die Spießer haben ihn auch zum Gipsbüstengott gemacht (lies mal das famose Buch von dem fixen Brandes über Göthe, ganz instruktiv) – auch Göthes Literatur liebe ich nicht – läßt mich kalt. GEORGE GROSZ

Goethe, der Nachkömmling des sterbenden Klassizismus, veranschaulicht für die Deutschen philologisches Verhängnis. Dieser Virtuose eleganter Harmonien wandelt auf dem vielbereisten und allgemein geschätzten Holzwegen des Klassizismus (...) Goethe ist der Virtuose leichtfertiger Geschwätzigkeit (...) Goethes Einfluß war verhängnisvoll. Er paralysierte die weitere Entwicklung der deutschen Dichtung, seit sein Schatten, von geschwätzigen Monographien zu gewaltigen Proportionen aufgebläht, über die wirklich bahnbrechenden Schriftsteller einen Mantel warf... Diesem Menschen, der besessen war von seiner Eigenliebe, war sein Ich, welches er in Autobiographien zu konservieren trachtete, eine höchst wichtige Angelegenheit (...) Goethe schuf keinen anderen Mythus als den seines eigenen gut organisierten Ruhmes. CARL EINSTEIN

Der Mann war kein guter Gedichtschreiber, vielmehr ein ganz mieser kleiner Charakter und ein beamtenhafter Streber. H. C. ARTMANN

Wie war, wie ist Goethe? Bürger einer freien Stadt, erinnert er sich nur, daß er Enkel eines Stadtschultheißen ist, der bei der Kaiserkrönung Kammerdienste tun durfte. Ein Kind ehrbarer Eltern, entzückte es ihn, als ihn einst als Knabe ein Gassenbub Bastard schalt, und er schwärmte mit der Phantasie eines künftigen Dichters, wessen Prinzen Sohn er wohl möchte sein. So war er, so ist er geblieben. LUDWIG BÖRNE

Ich habe die unernsten Schriftsteller immer den ernsten vorgezogen. Lichtenberg hat mich immer mehr interessiert als Goethe. GUILLERMO CABRERA INFANTE

Was für eine schöne Literaturfiktion könnte man schreiben: der früh lungenkranke Goethe, der, anstatt auf die Gefriertruhe in Weimar, direkt auf Italien zusteuert! Und »Werther« und der »Götz« sind immerhin die Garanten dafür – mit einem Schlag würde das ganze Werk des Gründungsvaters der deutschen Literatur nicht mehr so penetrant nach *kaltem Kalbfleisch mit Mayonnaise* schmecken. JULIEN CRACQ

Besonders Goethe hatte sich seit Schillers Tode von der Poesie ab und den Wissenschaften zugewendet. Indem er seine Wärme in zu viele Richtungen verteilte, wurde sie schwächer in jeder, seine neuesten poetischen Hervorbringungen waren lau oder kühl, und wenn er sich, der Haltung wegen, dem Antiken zuwendete, manieriert. Die Empfindungsmattigkeit, die er der damaligen Zeit mitteilte, hat vielleicht vor allem zum Verfall der Poesie beigetragen, indem sie der darauf folgenden Rohheit des Jungen Deutschlands, der Volkspoesie und des mittelhochdeutschen Unsinns Thür und Thor öffnete; das Publikum war froh, wieder etwas Substanzielles zwischen die Zähne zu bekommen. FRANZ GRILLPARZER

Ein großer feierlicher Esel, dieser Goethe.

PAUL CLAUDEL

Goethe ist ein untersetzter Mann ohne Physiognomie, der sich wie ein Mann von Welt benehmen möchte, ohne daß es ihm ganz gelingt, und der nichts Sensibles besitzt, weder im Blick noch in der Geisteshaltung noch im Umgang. MADAME DE STAËL

Von Goethe sollte man vielleicht sagen, daß er in Dichtung und Philosophie herumpfuschte, ohne es in beidem sehr weit zu bringen. T. S. ELIOT

Göthe fürchtet sich vor jeder fremden Wärme, weil sein Eispallast schmelzen könnte. JEAN PAUL

Je älter er wird, desto älter muß man werden, um ihn jung zu finden. JEAN PAUL

Altersdichtung
Im Alter verriet Goethe Menschheit & Realität.

ARNO SCHMIDT

Briefwechsel mit Schiller
Wasser in Likörgläschen. LUDWIG BÖRNE

Campagne in Frankreich 1792
Hätten wir die Fürstin Gallitzin und Jacobi nicht gekannt, so würden wir sie aus seiner Darstellung nimmer

kennen lernen. Wie dürftig ferner ist die Erzählung des Feldzugs, des unglücklichen in der Champagne. Hatte ein Mann wie Goethe dort nichts anderes zu sehen, zu erfahren, zu fühlen, als die in einer solchen Zeit höchst gleichgültigen Gegenstände, die er dem Leser mittteilt? An Größe hat Goethe, wie mir scheint, durch die Bekanntmachung dieses Lebensabschnittes nicht gewonnen.

GRAF CAJUS REVENTLOW

Dichtung und Wahrheit

Gestehen wir uns nur, daß selbst Goethes »Dichtung und Wahrheit« Poesie und Geschichte in einer Weise mischt, die eben doch an einer gewissen Schiefheit leidet. In gewissem Sinn ist es doch zu sehr Kunstwerk; eine Selbstbiographie soll strenger, soll sachlicher sein. Also ohne zudecken kann es nicht abgehen, dennoch hat bei Goethe eine zu weiche Künstlerhand die herbe Wahrheit überstrichen – eine Glättung, wofür uns die ruhige Selbstironie, mit der er seinem Werden zusieht, doch nicht entschädigen kann.

FRIEDRICH THEODOR VISCHER

Halb anregend, halb dünkelhaft, reiß es in der Mitte durch und behalte die bessere Hälfte.

ALBERTO MANGUEL

Faust

Was ist das für ein Gewäsch über den »Faust«! Alles erbärmlich! Gebt mir jedes Jahr 3000 Thaler, und ich will Euch in drei Jahren einen Faust schreiben, daß Ihr die Pestilenz kriegt! CHRISTIAN DIETRICH GRABBE

Goethes Gespräche mit Eckermann

Ein wahrhaft pomadiges, besänftigendes Vergnügen.

HEINRICH HEINE

siehe auch unter: Johann Peter Eckermann

Götter, Helden und Wieland
Den verfluchten Dreck schrieb ich in der Trunkenheit.

JOHANN WOLFGANG GOETHE

Götz von Berlichingen
Goethe ist der Dichter, der den Lebenslauf eines Mannes in Dialogen bringt und das Ding für ein Drama ausschreit... . Wenn er je zu Verstand kommt, so wird er nicht viel mehr als ein gewöhnlicher Mensch sein.

GOTTHOLD EPHRAIM LESSING

Der Groß-Cophta
Ich habe neulich einen Todesschrecken über Goethes neustes Werk, der »Großkophta«, gehabt. Bewahre mich Gott, daß es mir auch so gehen sollte! Lieber in Zeiten aufgehört, als aus der Höhe, wo Goethe stand, so unter alle Mittelmäßigkeit zur leersten Schlaffheit herabgesunken! Ist doch in dem ganzen Stück keine Zeile, die man behalten oder wiederholen möchte, keine Einbildungskraft, kein Dialog, kein Interesse irgendeiner Art.

GEORG FORSTER

Wir haben in diesen Tagen den »Großkophta«, ein Lustspiel von Goethe erhalten; allein hier ist leider alles dahin, was uns sonst an seinen Arbeiten freute! Kein Funke Geist, Einbildungskraft, ästhetisches Gefühl. Alles ist so platt wie der »Schamane« der Kaiserin von Rußland. Ist es möglich? Auch dieser Mann hat sich so überleben können?

GEORG FORSTER

Schade um Druck und Papier!

GEORG FORSTER

Herrmann und Dorothea
Wenn Homer *solche* Gegenstände für die »Odyssee« aus seinem Zeitalter gewählt hätte, als Goethe fast durch-

gehends aus dem seinigen gewählt hat, so würde jene wohl nicht bis auf uns gekommen sein.
Goethe führt Apotheker und Schankwirtsnaturen in die Dichtwelt ein, stellt verunglückte Theaterhelden als Romanideale dar und läßt sich dafür von den Seinigen für den größten aller Dichter erklären.

FRIEDRICH GOTTLIEB KLOPSTOCK

Goethes Flüchtlinge?!: Ecrasez l'infâme!! Wie Herz und Körper stehen bleiben, alle Viertelstunden einmal: und das in Hexametern??!! Das Fließband seiner Scheißverse: da karrt der Schüdderump voll abgemurkster Idyllen, im immer gleichen grobschlächtigen Pumpertakt: pfui Deubel, der Bube! ARNO SCHMIDT

Luise Voß und Dorothea Goethe,
Schön beide, wie die Morgenröthe,
Stehn da zur Wahl
Und Wahl macht Qual.
Hier aber, seht, ist nichts zu quälen,
Hier kann die Wahl nicht fehlen:
Luise Voß ist mein, in Lied und in Idyll,
Die andre nehme, wer da will.

JOHANN WILHELM LUDWIG GLEIM

So ein Gedicht machte ich, wenn ich mich zu dergleichen herabließe, in drei Wochen!

AUGUST JULIUS LAFONTAINE

Iphigenie
Ich finde nicht, was man davon sagte. Seinsollende griechische Simplizität, die oft in Trivialität ausartet, sonderbare Wortführung, seltsame Wortschaffung und statt

Erhabenheit oft solche Kälte als die, womit die Ministerialrede beim Bergbau in Ilmenau geschrieben ist.

AUGUST WILHELM IFFLAND

Es ist eine steife Nachahmung der Griechen. Sie wissen, wie weit griechisch und steif auseinanderliegen. Und die Nachahmung bei Seite, wie manche Redensart, die man kaum zu Ende lesen kann, wenn man vorliest! Und dann die Bildung des Verses!

FRIEDRICH GOTTLIEB KLOPSTOCK

Italienische Reise
Ist Goethe als Greis nicht gewissermaßen von neuem irre geworden?

LUDWIG TIECK

Die Leiden des jungen Werthers
Hätte Werther nur ein klein wenig Energie gehabt – wie der Dichter selber sie hatte –, er hätte sich retten können. Aber nein, er zieht es vor, sein Herzchen wie ein verwöhntes Kind zu behandeln.

KARL HILLEBRAND

Ich korrigiere am *Werther* und finde, daß der Verfasser übel gethan hat, sich nicht nach geendigter Schrifft zu erschießen.

JOHANN WOLFGANG GOETHE

Werther ist im Grund nur ein edler und tiefer gehaltener Ardinghello, der seine feinere Genußsucht mit anständigerem Egoismus auf Tod und Leben verteidigt. Es ist wiederum der Götzendienst und daher die ängstliche Beschönigung der losgebundenen Empfindung, einer Gefühlsfreiheit, die nur sich selbst genießen, ja, wie ein echter Gourmand, den haut goût der Leiden selbst sich zu einer vornehmen Wollust präparieren will, und also gegen jede Schranke der Religion und Sitte opponiert, die sie in jenem schwelgerischen Selbstgenusse stört oder hindert. (...) Werther ist ein moderner Narziß, der beständig im Bach sich selbst bespiegelt, wo der Himmel sich seinem Bilde weich unterbettet und die schwanken Wipfel und Uferblumen es bekränzen; und der dann, als er sich wendet, außer sich gerät, daß der wirkliche Himmel *über* ihm und die trotzigen Bäume noch anders zu tun haben, als ihn zu kränzen. Im Ardinghello ist es eine Liederlichkeit der Sinne, bei Werther eine Liederlichkeit der Gefühle; beiden liegt der Hochmut zum Grunde, der seine individuelle Leidenschaft für gescheiter und berechtigter hält, als die unscheinbaren Tugenden der Andern. JOSEPH VON EICHENDORFF

Lyrik

Goethe? Den mag ich nicht. Seine Verse haben Brillen auf der Nase. ELSE LASKER-SCHÜLER

Das Märchen

Das vertrackte Märchen, das hier aufgetischt wird, schmeckt nach Achim von Arnim und Clemens Brentano; es ist die bare Verzweiflung und das krankhafte Vergnügen an dieser Verzweiflung. KARL GRÜN

Mahomets Gesang

ich propagiere deklamation in offenem, unpfäffischen ton, mit vermeidung sonorer kadenzen, crescendi und tremolos. falle dabei über goethes MAHOMETS GESANG her, dessen pantheismus, spießertum und programmmusik (det janze stellt'n strom dar, hastenichjemerktwa?) mich abstößt. BERTOLT BRECHT

Maximen und Reflexionen
Ein Platzregen von Belehrungen. KARL SCHLECHTA

Die natürliche Tochter
Im höchsten Bewußtsein und Pochen auf Virtuosität, Bildung und dergleichen kann man doch wohl nicht Ungeschickteres und Armseligeres zu stande bringen, als diese Eugenie. Wahrlich, es thut mir weh, aber ich finde, daß jetzt Göthe, Schiller, Wieland, Herder, Kotzebue, Iffland und Boehlendorf und dem ähnliche durchaus auf einer Linie stehn, daß man von der Schlechtigkeit der Zeit nicht sprechen soll, wenn man noch Ausnahmen macht und Göthe in seinem vornehmen Dünkel bestärkt, denn neben der Armuth der Poesie finde ich in dieser Comödie oder Drama zugleich die niedrigsten Gesinnungen, und überhaupt das sündliche Bestreben, aus dem Niedrigsten und Verwerflichsten, welches die verderbte menschliche Natur in Verhältnissen, politischen Verbindungen, Urtheilen und Vorurtheilen aufgestellt hat, etwas Schönes und Edles herauszubilden. LUDWIG TIECK

Ihr natürlicher Sohn ist mir lieber als Ihre *Natürliche Tochter*! MADAME DE STAËL

Es muß doch wirklich irgendwo fehlen, wenn ein 50jähriger Mann, der sein Leben an diese Dinge gesetzt hat, dazu den besten Willen mitbringt, und durch Schiller, Scott, ja selbst durch Storm, Heyse, Wilbrandt, in ihren besseren Hervorbringungen vollständig befriedigt werden kann, wenn der die *Natürliche Tochter* mit den Worten zuklappt: Form klassisch, Inhalt Misère, Grundanschauung weise aber klein. THEODOR FONTANE

Novelle

Gestern las ich die »Novelle«. Geschwätz! Narrheit! Geheimratsbehaglichkeit (Haus am Frauenplan). So auch der Stil: welch Abrundungsbedürfnis! Welch Drang nach Füllung, Applanierung, Wattierung der Worte u. Structur! Schaumig direkt! Goldig, goldlackbraun, alles »in Güte«. Und nun wird mir manches klar: die Herkunft ganzer Verlagsgeschlechter von dieser Novelle! 90% des Inselverlags, einschließlich Herr Carossa u. Herr Schröder, auch Hofmannsthal kommen von ihr! Eine Schlapphutgottheit und eine Probekandidatsbrille ihre Insignien. Zum Teufel alle diese Eunuchen! Kann denn aus diesen Deutschen etwas werden, wenn ihre Heroen das Leben so harmonisch, gutartig u. »im Grunde« so nett u. lieblich u. symbolisch darstellen? Eigentlich ein Hund, dieser Goethe. Er wußte doch, daß er Schwindel trieb u. daß er rein aus eigenem Ruhebedürfnis u. Fernhaltungsdrang von allem Dämonischen so schrieb.

GOTTFRIED BENN

Wie steifbeinig-altklug ist dagegen Goethes »anständige« Geheimratsprosa: der hat nie eine Ahnung davon gehabt, daß Prosa eine Kunstform sein könnte; man kann über die gravitätische Stümperei der »Novelle« z. B. nur lachen!

ARNO SCHMIDT

Reineke Fuchs

Wie hat Goethens »Reineke Fuchs« unserem Voß gefallen? Ich kann ihn nicht lesen; der Sechsfüßer ist lahm, und überhaupt schickt sich derselbe zu den Reden des Fuchses nicht. JOHANN WILHELM LUDWIG GLEIM

Römische Elegien

Die Elegien sind schlüpfrig und nicht dezent.

FRIEDRICH SCHILLER

In Goethe's *Elegien* ist das Antike die Hauptsache, das Sinnliche allegorisch und die Geliebte gar nichts.

FRIEDRICH SCHLEGEL

Properz durfte es laut sagen, daß er eine glückliche Nacht bei seiner Freundin zugebracht habe. Wenn aber Herr von Goethe mit seiner Italiänischen Mätresse vor dem ganzen Deutschland in den *Horen* den con-cubitum exerzirt, wer wird das billigen? Das Anstößige liegt nicht in der Sache, sondern in der Individualität.

JOHANN BAPTIST VON ALXINGER

Torquato Tasso
abgesehn davon, daß der blankvers mit der deutschen sprache eine sehr unglückliche ehe führt – siehe die scheußlichkeiten des TASSO! –, hat er für mich immer dieses anachronistische an sich, das fatale feudale. nimmt man ihm das verkastelte, gewundene und förmliche des höfisch offiziellen ausdrucks, wird er gleich leer und ›gewöhnlich‹, ein emporkömmling. dennoch, obwohl also hauptsächlich travestiewirkung erzielt wird, wenn ich die gangster und karfiolhändler jambisch agieren lasse, da so nur das unadäquate ihres herrischen auftretens ans licht der rampe kommt, bildet sich da, wo dann der blankvers mißhandelt, verstümmelt, gestreckt, verhunzt wird, neues formales material für einen modernen vers mit unregelmäßigen rhythmen, aus dem noch allerhand werden kann.

BERTOLT BRECHT

Ein schwerfälliges Flickwerk, ein Gewebe von kauderwelschen Gesprächen und von verschrobener Metaphysik, die Quintessenz des Romantismus und der Langweiligkeit.

MORTAINVILLE

Über Kunst und Alterthum in Rhein- und Maingegenden

Darin lesend habe ich denn so lebhaft wie mit meinen leiblichen Augen auf jeder Seite den Großherzoglichen Sachsen-Weimarischen Herrn Geheimen Rat und mehrerer hohen Orden Ritter von G. gesehen, wie er, gleich einem pensionierten Hofmarschall, wohl frisiert und mit dem Hute in der Hand hinschreitend, von Köln bis Heidelberg wandert, überall rechts und links hohen und werten Gönnern ein Wörtchen des Dankes und des Lobes zuflüstert, insonderheit jedes Plätzchen wohl vermerkt, an welchen hohen und höchsten Personen ein Vergnügen zu bereiten sein möchte, und endlich seufzend das absonderliche Unglück des linken Rheinufers beklagt, aller seiner ehemaligen fürstlichen Residenzen beraubt zu sein.

CARL GUSTAV JOCHMANN

Die Wahlverwandtschaften

Nun noch ein Paar Worte über die »Wahlverwandtschaften« unseres Literarischen Pantokrators, wiewohl sich ein ziemliches Buch schreiben ließe um *legaliter* zu beweisen daß es weder ein guter Roman noch überhaupt ein gutes Buch ist. Doch das war es auch nicht, was der Verf. machen wollte. Sein Ruhm steht nun einmal fest gegründet; *wir wissen* daß er *kann* was er will; aber wir haben ihm durch unsre gar zu schafmäßige oder viel mehr asinische Zufriedenheit mit jedem Futter, das er uns vorwirft, endlich eine Verachtung eingeflößt, wovon er in seiner neuesten Ausgabe des »D. Fausts« eine so überschwängliche Probe gegeben hat, daß man sich über nichts mehr verwundern sollte was er uns zumutet. Es ist, dünkt mich, augenscheinlich genug, daß der neue Roman eigentlich nur ein Mittel sein sollte, einige hundert Louisd'or aus Cotta's Kasse in die seinige zu transportieren. Wäre ich ein besserer Wirt und weniger schamhaft, so hätte ich es längst eben so gemacht. Überdies machte es ihm Spaß, dem lieben deutschen Publico wieder eine Tonne, womit es spielen könnte, vorzuwerfen, – zumal, da ihm selbst das Spiel, das er mit uns treibt, so wenig Zeit und Mühe kostet, daß er uns jährlich mit einem halben Dutzend solcher Quodlibets regalieren könnte, wenn er nicht besorgen müßte, die Gefälligkeit unsrer mit allem vor lieb nehmenden Deutschen endlich nicht minder, als den guten Willen seines Verlegers zu *erschöpfen,* der seinen Vorteil so gut auszurechnen weiß als irgend ein Socius in Europa.

CHRISTOPH MARTIN WIELAND

Pfui! der Hund frißt, was er ausgespien hat, läßt ganz sich hier anwenden, denn in den »Wahlverwandtschaften« werden die Brocken, die im »Meister« übrig geblieben, aufgetragen. Ist Eduard was mehr als der praktische Wilhelm Meister? Ottilie was anders als die Verwandlung der offenen, sinnlichen Mignon in die reflektierende, in sich geschlossene Ottilie, und Charlottens Tochter was Anders als die üppigere Philine. Dergleichen Kunstbrühen von Contraposten anzurühren und einen stinkichten Fisch für frisch gesotten durchgehen zu lassen, darf einem so erfahrenen Meister nicht schwer fallen, doch dürfte er nur bei Nasen, denen es an feinem Geruch fehlt, seine Absicht voll erreichen, für unsern Gaumen ist solch eine Schüssel nicht. Zu was soll nun die Schilderung von solch einem hochadeligen Zigeunergesindel dienen? etwa zu Idealen für die Bildung des reinen gesellschaftlichen Lebens? wer mag mit solch einem Unflat, nachdem er ihn einmal durchwatet, sich wieder neu besudeln wollen? muß man nicht den einzigen erträglichen Geschöpfen, der Charlotte und

Ottilie, darum gram werden, daß sie sich um solch eines gemeinen, ächten, undelikaten Bengels willen, wie Eduard, so viel zu schaffen machen? Der einzige gut angelegte männliche Charakter wäre vielleicht der Mittler gewesen, aber auch er bleibt mit aller seiner philanthropischen Tätigkeit untätig sitzen, sonst hätte er eine Peitsche ergreifen müssen, um alles, was in diesem Romane an die Wand pißt, daraus auszumitteln.

FRIEDRICH MÜLLER (GENANNT MALER MÜLLER)

Bei Goethe ist der Roman keine Kunstform, sondern eine Rumpelkiste: gewaltsam aneinander gepappte, divergente Handlungsfragmente, hineingestreute übel an den Hauptfaden geknüpfte Novellen, Aphorismen, einander widersprechende Erziehungsmaximen, allgemeine Waidsprüchlein (totsicher den ungeeignetsten Personen in den Mund gelegt: was läßt er zum Beispiel das rührende Kind Ottilie für onkelhaft weltkundige »Gedankensplitter« in ihr Tagebuch schreiben! – vom fragwürdigen Wert mancher Bemerkungen noch ganz zu schweigen!). ARNO SCHMIDT

Sein Buch ist ein *farrago,* ein Mischmasch von *Dialogen* und Vorlesungen über Gartenkunst, Baukunst, Dekorationskunst, Malerei, Bildnerei, Musik, Mimische Kunst, u. Gott weiß über wie vielerlei Künste, und von *Auszügen* aus andern Büchern, die eben so gut in jedem andern stehen könnten. Was darin *geschieht,* machte, wenn es von den Auswüchsen, Beiwerk und Verzierungen abgesondert würde, kaum den vierten Teil des Ganzen aus, und wie viel fehlt daran, daß das, was geschieht, was er seine Hauptpersonen *tun* läßt, psychologisch *wahr,* zusammenhängend, und mit dem, was er uns anfangs von ihnen erwarten ließ, übereinstimmend sein? Gewiß, vor Zwanzig oder Dreißig Jahren würde er sich geschämt haben, eine solche Komposition einen Roman zu nennen! Was für ein armseliger Wicht ist sein Eduard, was für ein mystisches Luftgespenst u. Traumbild seine Ottilie? Und wie sollen wir nicht merken, daß diese *Ottilie* nur eine neue Auflage, oder vielmehr die Karikatur einer Kopie seiner *Mignon,* und sein Eduard ein zweiter *Don Fernando,* aber ein noch viel schlechterer Mensch ist als dieser? – Daß der *Knoten* des Stücks sich aus einem ekelhaften *doppelten Ehebruch in der Imagination,* veranlaßt durch eine alltägliche Ehstandsszene, entspinnt u. verwickelt, ist allenfalls des Dichters der Walpurgisnacht auf dem Blocksberg aber schwer(lich) des Dichters des »Werthers«, der »Iphigenie« und des »Tasso« würdig.

CHRISTIAN MARTIN WIELAND

Wahlverwandtschaften? Qualverwandtschaften!

LUDWIG TIECK

Die ›W.‹ sind gar kein Roman, sondern Schilderungen von Parkanlagen und Teichbauten, dazwischen etwas Ehebruch, für die der Titel ›Müßiggang, aller Laster Anfang‹ viel besser geeignet wäre. MALER MÜLLER

Goethe ist ein Verderber der Religion. Seine »Wahlverwandtschaften« stürzten alles Heilige, sie sind ein Protest gegen alle Religion, Sitte und Formen. Goethe und sämtliche Goethianer achten nur den äusseren Anstand. Ich brenne darauf, mich gegen ihn zu erklären, indes hält mich seine Stellung in der schriftstellerischen Welt davon ab. HEINRICH HEINE

West-östlicher Divan
Ein fauler Hering. CHRISTIAN DIETRICH GRABBE

Habe Goethes ›West-östlichen Divan‹ geendigt. Ich mußte ihn mit Verstand lesen; mit Herz hab ich es früher einmal versucht, aber es gelang mir nicht. Nein, das sind keine Weingesänge, das sind keine Liebeslieder! Das sind keine losen, das sind feste Gedichte. Wohl anmutig säuselt die Luft durch Zweige und Blätter und schüttelt sie freundlich; aber den starren Stamm bewegt sie nicht (...) Das zahme Dienen trotzigen Herrschern hat sich Goethe unter allen Kostbarkeiten des orientalischen Basars am begierigsten angeeignet. Alles andere *fand* er, dieses *suchte* er. Goethe ist der gereimte Knecht, wie Hegel der ungereimte.
LUDWIG BÖRNE

Wilhelm Meisters Lehrjahre
Es sind seine Frauen darin alle von unschicklichem Betragen.
CHARLOTTE VON STEIN

Wilhelm bis zum letzten Augenblick ein dummer Junge im Handeln, nur geistreich im Reden. Lothario liederlich, langweilig, hohl: worin besteht denn seine immer gerühmte Trefflichkeit? Jarno höchst widerwärtig; Abbé lächerlich pedantisch; Gräfin Wachspuppenkopf; Natalie fischblütig; Therese ganz unerträglich; Friedrich verdorbener Bube, dem tüchtig Prügel gehören. Harfenspieler und Mignon bänglich und unnatürlich, doch tieftragisch und wunderbar romantisch. Turm im Schloß abgeschmackt; Charakter kein einziger. Verwicklungen ebenso unnatürlich als langweilig. Das Ganze total mißlungen, wenn gleich im Einzelnen auf jedem Blatt *ex ungue leonem*. Stil zauberhaft schön.
FRIEDRICH KARL GEROK

Was *Wilhelm Meister* betrifft: ungeachtet seiner herrlichen Charakterzeichnungen, seiner fesselnden Situationen, seiner bezaubernden Lieder, gesteh ich es, nicht zu begreifen, wie ein Dichter, der im 24ten Jahr *Werthers Leiden* schrieb, als reifer Künstler ein so sonderbares, plan- und im ganzen wirkungsloses Gemisch als *ein* Werk aufstellen konnte. GARLIEB MERKEL

Goethe ist eine Sau, die ihre eigenen Perlen mit Füßen tritt. GRÄFIN REVENTLOW

Wilhelm Meisters Wanderjahre
Beinah-gotische Novellensammlung nach dem Arabeskenmuster Cervantes. ALBERT EHRENSTEIN

Bauholz zu einem didaktischen Roman. Geschrieben im Stil eines Kompilators. THEODOR MUNDT

Venezianische Epigramme
Nachdem man erst idealische Figuren am Leser hat vorüber gehen lassen, wird endlich ein venetianischer Nachttopf über ihn ausgeleert. Der Leser sieht dann einem begossenen Hunde sehr ähnlich. JENS BAGGESEN

Oliver Goldsmith
Dieser *Vikar von Wakefield* ist ein so mageres, steifhosiges Produkt, daß seine – doch wohl einst vorhandene – Beliebtheit sich nur aus der relativen Rarität von Neuerscheinungen um 1750 erklären läßt. ARNO SCHMIDT

Iwan Gontscharow
Ich staune über mich selbst: wieso habe ich Gontscharow bis heute für einen erstrangigen Schriftsteller gehalten? Sein *Oblomov* ist eine ganz unbedeutende Sache. Ilja Iljic,

eine utrierte Figur, ist jedenfalls nicht so groß, daß es sich lohnte, seinetwegen ein ganzes Buch zu schreiben. Ein aufgedunsener Faulpelz, wie es viele gibt. Ich frage mich: wenn Oblomov kein Faulpelz wäre, was wäre er dann? Und ich antworte: nichts. Und wenn das so ist, dann soll er doch weiterschlafen. Die übrigen Personen sind klein, nachlässig ausgewählt und zur Hälfte erfunden. Und das Schlimmste im ganzen Roman – Kälte, Kälte, Kälte ... Ich streiche Gontscharow von der Liste meiner Halbgötter. ANTON TSCHECHOW

Joseph Görres

Daher kann ich Ihnen auch nichts über Schelling und Görres sagen. Letzterer wird täglich katholischer und gewiß Kardinal; Madame Görres strickt schon violette Strümpfe. HEINRICH HEINE

Vom Beten und Fasten und den Beängstigungen des Kapuzinerstricks kann es nicht herkommen, daß die alte Görressche Originalität in dem »Athanasius« kaum wiederzuerkennen ist; denn die Münchner neu-katholische Schule dilettiert ja bekanntlich nur auf die Religion. .. Es kann also dieser Geistesbankrott, den Görres in seinem »Athanasius« zeigt, nur die Rache sein, welche die Ideen immer an treulosen Überläufern und nur durch den Moment bestimmt gewesenen Taschenspielern des Stils und der erkünstelten Leidenschaft nehmen; die natürliche Abspannung der Seelenkräfte, die überall eintreten muß, wo der Gedanke müde wird, sich ein eigenes Gehäuse organisch, wie das Muscheltier, zu treiben und dafür lieber in den ersten besten alten Maulwurfspalast, in eine offenstehende Mönchskutte, in eine alte, weihrauchgebeizte Reliquienschachtel kriecht. KARL GUTZKOW

Göttinger Hainbund

Es gibt heuer eine gewisse Art Leute, meistens junge Dichter, die das Wort *Deutsch* fast immer mit offenen Nasenlöchern aussprechen. Ein sicheres Zeichen, daß der Patriotismus bei diesen Leuten sogar auch Nachahmung ist. Wer wird immer mit dem Deutschen so dicke tun? ›Ich bin ein deutsches Mädchen ...‹ – ist das etwa mehr als ein englisches, russisches oder otaheitisches? Ich bitte euch, Landsleute, laßt diese gänzlich unnütze Prahlerei. Die Nation, die uns verlacht, und die, die uns beneidet, müssen sich darüber kützeln, zumal wenn sie inne werden, daß es *ihnen* gesagt sein soll.

GEORG CHRISTOPH LICHTENBERG

Die Musen krähen uns in rauhen fremden Tönen
Kamschatkische Gesänge vor,
Entsagen, neu zu seyn, dem Schönen,
Betäuben den Verstand, und ängstigen das Ohr.
Man will sogar (wir wollen Bessres hoffen),
Sie hätten einst in dickem Gerstensaft
Mit Wodans wilder Brüderschaft
Aus Menschenschädeln sich besoffen.

CHRISTOPH MARTIN WIELAND

Meines Erachtens ist das meiste förmlich abscheulig, zumal das Klopstockische und das darnach geschnittene der andern. Haben Sie wohl ein eintziges neues Bild darin gefunden? Das ist das ewige Rauschen im Hain, das Silbergewölk und die Eiche, die wir schon hunderttausendmal gehabt haben.

GEORG CHRISTOPH LICHTENBERG

Johann Christoph Gottsched
Wollen Sie noch etwas neues von Gottscheden wißen? Er wird mit dem *Gestalten* unseres Gleims immer bekannter, immer vertrauter. Er hat wieder französische Verse gesetzt, nebst einer goldnen Tabatiere und einem Ringe. Er macht gar kein Geheimniß draus; er ist vielmehr so stolz drauf, daß er die ganze Unterredung, die er hier mit dem Könige gehabt hat, in sein Neustes eindrucken laßen. Gott wolle nicht, daß unser Gleim seinen Patriotismus auch so weit treibt, daß ihm Gottsched durch diese Bekanntschaft respectabler wird! Jetzt ist es vielmehr die rechte Zeit, neue und blutigere Satyren wider ihn zu machen, als man noch je gemacht hat. Und wenn wir damit zaudern, so wird er uns selbst zuvor kommen. Denn es ist ganz gewiß, daß er wieder eine neue »Aesthetik in einer Nuß« drucken läßt. Ihre neuen Gedichte werden ihm gleich noch zur rechten Zeit gekommen seyn. Wenn ich doch nur auch unterdeßen etwas geschrieben hätte, damit ich nicht etwa vergeßen würde! –

GOTTHOLD EPHRAIM LESSING (AN EWALD V. KLEIST)

Christian Dietrich Grabbe
Von Grabbe sind 2 Dramen erschienen. Wenn man diese aufgesteifte, forcierte, knöcherne Manier betrachtet, so muß man ihrer frischen, sprudelnden Naturkraft das günstigste Horoskop stellen.

KARL GUTZKOW (AN BÜCHNER)

Günter Grass
Ich möchte halt zu gern den Tag noch erleben, an dem Grassens »Blechtrommel« auf das reduziert wird, was sie von je war und als was sie jeder mittelbegabte heutige

Leser ohne weiteres durchschauen müßte, unterzöge er sich der Mühe, diese Nachkriegsdeutschland wieder aufteufelkommraus an die Spitze manövrierende »Weltliteratur« (so der damalige ›Zeit‹-Feuilletonchef) kühlen Kopfs und gesetzten Gemüts noch einmal zu lesen: als einen Riesenschmonzes, bei dem vor lauter Barock und Allegorie und Realismus und Vergangenheitsbewältigung und Großmannssucht nichts, aber auch gar nichts stimmt. Die »Blechtrommel« ist ein Synthetikprodukt des wäßrigsten Zeitgeistes, das sich zu allem Überfluß auch noch genialisch gibt. ECKHARD HENSCHEID

Günter Grass hat mir sehr höflich den »Butt« versprochen, aber er hat ihn dann nie geschickt, also brauchte ich ihn auch nicht zu lesen. Der Grass ist mir einfach zu wenig intelligent, um so dicke Bücher zu schreiben.

FRIEDRICH DÜRRENMATT

Günter Grass im Fernsehen. So ein bißchen wie Hitler im Bunker der Reichskanzlei sieht er jetzt aus.

WALTER KEMPOWSKI

Mein Kollege Günter Grass
der hat in einem Starfighter gesessen
im Cockpit, auf dem Boden
von Associated Press fotografiert.
»Die Antworten der Piloten
waren farbig und widerspruchsvoll.«
Das hat ihn beruhigt
und mich
und die Bildzeitung.
Mein Kollege Günter Grass
der hat die 4. Luftwaffendivision inspiziert,
der Realist,

wie Helmut Schmidt
und Heinrich Lübke
und unser Kai-Uwe von Hassel.
Das hat ihm viel Mut gemacht
und mir
und unserem Nationalgefühl.
Da wird an seiner Tür nicht mehr gezündelt
werden. HEINAR KIPPHARDT

Die Albernheit von Ralleys kennt keine Relais oder Grenzen, und die schönste Überraschung aus Danzig wird ranzig mit der Zeit. OSKAR PASTIOR

Wenn ich das Sieb der Zeit wäre, stünde Gerold Späth zwölfmal berühmter da als Günter Grass, und Botho Handke dreißigmal unbekannter als Eckhard Henscheid.
ULRICH HOLBEIN

Eine Seite Polgar für fünfhundert Seiten Grass!
HERMANN HAKEL

Franz Grillparzer
Die unabänderlich falsche Maßverteilung, mit der sich das Urteil der Welt und Nachwelt, jenes vom Journalismus, dieses von der Literaturgeschichte beirrt, an den geistigen Werten vergreift, zeigt sich an kaum einem Beispiel so sinnfällig wie an dem des Klassikers Grillparzer, der vornehmlich aus dem Bedürfnis Österreichs nach einem Klassiker entstanden (...) Keines der Grillparzerdramen, so außerordentlich sie zur Unterlage einer hohen Schauspielkunst taugen mochten (...) wäre imstande, einer lesenden Nachwelt die Überzeugung beizubringen, daß der Versuch, den Himmel Griechenlands über den Wienerwald zu wölben, geglückt sei. Sein Epigramm

ist Einfall ohne Durchbruch; seine Lyrik kommt, da Gedanken von mäßigem Eigenwuchs in einer überkommenen, wenngleich gut gehaltenen Sprache die äußere Gewandung finden, überhaupt nicht in Betracht. Überall die mittlere Kultur eines vorhandenen, unerschaffenen Ausdrucks und dennoch, vielleicht eben darum, der österreichische Klassiker. KARL KRAUS

Man vergesse doch nicht, wenn man die Bedeutung Grillparzers bestimmt, daß zu jener Zeit schon Flaubert, Balzac, Dostojewskij schufen und daß die deutsche Entwicklungslinie bei Grillparzer um eine Phase hinter der Welt zurück war... Man bemerkt nicht, wie kurios überhaupt schon die Frage ist, ob irgendeiner der drittgrößte deutsche Dichter sei, und wie sehr uns das Verkleinerungschronoskop unserer Art, künstlerische Leistungen zu betrachten, an der Erkenntnis hindert, daß der Geist der Gegenwart dem brav erhabenen Biedermeier aus der Zeit des guten Kaisers Franz doch eigentlich gefährlich nah geblieben ist. Diesem Monarchen war der Dichter Wurst, und uns ist er Aufschnitt.

ROBERT MUSIL

Ausgesandt als ein flammendes Gewitter, um die Luft Österreichs zu reinigen, zieht er über Österreich hin als ein naßgraues Wölkchen, am Rande von etwas Abendpurpur umsäumt. Und das Wölkchen geht unter! Grillparzer packte seine großen Fähigkeiten und starken Leidenschaften zusammen, sperrte sie in eine Schublade und steckte den Schlüssel zu sich. Vorsicht ist der Tapferkeit besserer Teil. Versuchen wir's mit dem besseren Teil!

FERDINAND KÜRNBERGER

Er ist eine servile Natur. Im Privatgespräch kann man nicht genug zornige Schmähworte über gewisse hohe Persönlichkeiten hören, die er dann öffentlich besingt. (...) Dieser Dualismus der österreichischen Poeten fällt mir sehr auf. FRIEDRICH HEBBEL

Grillparzer. Abgestorbener Dichter. In seiner Jugend gastierte er auf dem Parnaße als Ahnfrau, in seinem Alter nahm er Dienste beim Feldmarschall Radetzky. Reiste einmal verkleidet als Sappho, wurde aber sogleich erkannt und in seine gebührenden Grenzen zurückgewiesen. Er versprach viel für die Freiheit zu tun, solange man ihn nicht beim Wort halten konnte; aber später nahm er es gewaltig übel, daß man ohne ihn das Joch der Willkür abgeschüttelt. Seitdem predigt er das Evangelium militärischer Subordination und besingt die Unterdrückung freier Völker, in Versen jedoch, denen die Subordination unter Prosodie und Einsicht etwas stark mangelt. Echter Malcontenter; sieht aus, als wenn er sich von lauter saurer Milch nähre ... sollte er für den Reichstag wider Erwarten durchfallen, so ist ihm die Stelle eines Ober-Pedellen an der Universität gewiß. ANON. AUTOR (1848)

Durs Grünbein
Der ist mir zu piefkös. H. C. ARTMANN

Gruppe 47
siehe: Siegfried Lenz

Karoline von Günderode
Gedichte und Phantasien
Überhaupt bin ich sehr begierig, von Ihnen selbst zu hören, warum Sie sich entschlossen haben, Ihre Lieder drucken zu lassen. CLEMENS BRENTANO

Nikator
Abentheuerlichkeiten und Plattheiten, auf siebzehn Blätter gedrängt, und in schlechten Versen abgefaßt.

DER FREIMÜTHIGE

Karl Gutzkow
Morgen schreib ich an Gutzkow. Ich liebe ihn sehr, aber auch ihn soll der Teufel holen, nur in gelinderer Manier und mit dem gehörigen Respekt; denn er ist ein sehr vornehmer Sünder. Nergelt die ganze Welt und provoziert überall Feindschaft, selbst da, wo mit ruhigem Abwarten und drey Gran Geduld die wichtigste Freundschaft und Bundesgenossenschaft zu erwarten stand.

HEINRICH HEINE

Er ist besessen von einem Dämon, der mir wohl bekannt ist. Ich erinnere mich, daß ich vor diesem Dämon immer Angst hatte. Es ist vielleicht ein Galgenmännlein – zuerst hatte ihn Kotzebue, der überlieferte ihn dem Müllner, dieser dem Menzel, dieser wieder dem Gutzkow – der hat ihn vielleicht am wohlfeilsten erstanden und kann ihn nicht los werden, und wir sehen ihn bald als wahnsinnigen Halbheller im Lande herumlaufen, wenn nicht gar ihm der Teufel den Hals umdreht ... An Geist und Talent fehlt es dem Manne nicht, aber beidem fehlt jener Halt, ohne welchen Alles verpufft und verknistert. Kleinere Sterne werden länger glänzen als dieser strahlende Comet, der mit seinem Flammenschweife am Himmel der Literatur, ohne Schonung und Gesetz, dahin läuft. Was bedeutet dieser Comet? Oder ist dieser Comet zugleich das Unglück, welches er bedeutet? Ich glaube es fast, denn dieses literarische Unglück, welches Gutzkow heißt, ist groß genug und hinlänglich betrübsam.

HEINRICH HEINE

Peter Handke

Du bist doch das Lieblingsbuberl des deutschen Feuilletons. Deine Literatur ist doch nur mit dem Kopf ausgedacht, und zwar mit einem Limonadenkopf.

HERBERT ACHTERNBUSCH

Die bebrillte Kontemplation, mit welcher sich der Reisende, Wanderer und nächtliche Geher Peter Handke vor einer Esche in München aufstellt, oder vor einer zugefrorenen Quelle in den Pyrenäen, bleibt vergleichsweise appetitlich, wohlerzogen und unüberbietbar undämonisch, mehr oder weniger kastriert. ULRICH HOLBEIN

Intellektuellenkitsch. JÜRGEN LODEMANN

In der ZEIT ein Handke-Interview, das keine Freude in mir hinterließ. Das mir Zuwidre einer Person, die auch in diesem bereits fortgeschrittenen Alter nur aus Ungezogenheit und Menschenverachtung zu bestehen scheint.

PETER RÜHMKORF

Im vorgezogenen *Spiegel* langes Interview mit Handke: ein öffentliches Sichwichtignehmen, das der Belanglosigkeit seines blinden Reiselebens auf spiegelverkehrte Weise entspricht. Verwöhntes Kerlchen, das seine Gereiztheiten als innere Verwerfungen ausstellt. Und die Szenenberichterstattung mal wieder nicht an der Seite von Büchern, die es schwer haben, sondern von Leichtgewichten, die sich dicke tun. PETER RÜHMKORF

Wir haben uns nur ein einziges Mal getroffen, und es war ein eher freundschaftliches Gespräch. Er hat mir da von seiner Art zu schreiben erzählt: Er legt immer ganz enge Jeans an, damit er sein Geschlecht fühlt, und zieht sich nach Möglichkeit auch sein Hemd aus, und so wird sein Schreiben vital. Immer wenn ich seine Sachen lese, sehe ich ihn in diesen engen Jeans und mit nacktem muskulösem Oberkörper an seinen gewaltigen Werken sitzen. Ich hab' beim Schreiben am liebsten immer weite Hosen an. PETER SCHNEIDER

Versuch über die Jukebox
Was mir an Handkes letztem Versuch gefällt, ist die Leichtigkeit, mit der es dem reiselustigen 48jährigen gelingt, davon ein recht flottes Literatenleben zu fristen. Mit ähnlich geringem Aufwand wie Kafka ihn prophezeit hat, pfeift diese Josephine nun schon seit Jahrzehnten ihre einfachen Melodien, und ich gehöre seit neustem wieder gern zum Volk der Mäuschen, das deren Vorüberrauschen beifällig lauscht. Ein Publikum, das solche Lebenskünstler klaglos durchfüttert, kann nicht ganz schlecht sein, finde ich. BERND EILERT

Wenn es gut geht, möchte man nach einer ordentlichen Handke-Lektüre nur noch mit dem Bleistift schreiben. Es kann aber auch vorkommen, daß man nie wieder lesen will. ELKE SCHMITTER

Thomas Hardy
Tess von d'Urberville lebt nicht, weil keine seiner Personen (außer den Karikaturen) seine eigene Sprache hat. Wie spricht Tess? und wie Angel? Da ist die Sprache des Autors, das ja, die alles einhüllt, aber sie besteht eben aus einer abstrakten, reichen und manchmal nüchternen Form der Beschreibung, die höchstens dazu gut ist, eine

sehr starke Szene abzufassen, in der es Pathos gibt, aber keine lebendigen Menschen. *Melodram* ist es, wenn die Personen durch das äußere Pathos der Szene sprechen, nicht als Person existent, sondern provisorisch und hingestellt zu dem Zweck, einen Vorwand für Rührung zu liefern. ANDRÉ GIDE

Was immer wieder einen Hauch von Falschheit in Hardys Romane bringt, ist, daß er nichts der Natur überläßt; immer versetzt er der Schraube den letzten Dreh selbst, und gegenüber seinen Motiven hierbei hege ich den schwerwiegendsten Verdacht. T. S. ELIOT

Hardys Fehler war die totale Abwesenheit von Humor, der, man fühlt es, einige Absurditäten hätte verhindern können. Er konnte bis zu einem gewissen Grad schlechtmachen und ironisieren, doch man denke nur an Balzac, Dickens, Dostojewski, Proust oder Conrad, um zu erkennen, daß Hardy jene Qualität, die die meisten großen Erzähler in der ein oder anderen Form besitzen, fehlt.

ANTHONY POWELL

Far From The Madding Crowd
Mr. Hardys Roman ist sehr lang, doch in der Substanz eigentlich kurz und einfach, und das Buch ist auf seinen formidablen Umfang gebracht worden, indem Konversations- und Beschreibungs-Polster eingefügt wurden. Durch den raffiniert wortreichen und redundanten Stil ist das Ganze ungemein diffus und, als Erzählung, einmalig und unkünstlerisch. Der Autor hat wenig Sinn für Proportion und fast gar keinen für Komposition.

HENRY JAMES

Gerhart Hauptmann
Ja, Mombert! Alle unterschiedlichste Hochachtung. Den laß ich mir gefallen. Und erst 22? Mehr, mehr, mehr! Das ist ja ein Prachtkerl! Allerdings: das seh ich auch schon

kommen (nb. vorausgesetzt, ich veröffentliche überhaupt noch was): man wird mich dann für den handfertigsten »Schüler Momberts« ausgeben, wie man mich s. Z. in Gemeinschaft mit Schliefen für den biereifrigsten Nachtreter des großen Reformators Gerhart Hauptmann ausgegeben hat. Es existiert ja noch heut das schöne Wort: »Hauptmannianer«. Na! Ejal is schließlich ooch!
War neulich übrigens mit ihm zusammen. Betonte mehrmals, daß er sich als »Schüler Goethes« fühle. Wüßte, außer seinem mißglückten »Prolog«, allerdings nichts, was ihn dieser schon gelehrt hätte ... ARNO HOLZ

Welch furchtbares Geschwafel! ... Überall dies wabernde, schwafelnde, fast könnte man sagen: vielfach unsaubere Geschwätz. GOTTFRIED BENN

Du darfst's mir getrost glauben, aber wenn Goethe seiner Zeit auf die Honorare angewiesen gewesen, die ihm seine »Kunstwerke« brachten, und nicht, wie es der Fall gewesen, auf diverse andere Dinge – er wäre krepiert und vor die Hunde gegangen noch ehe er den hundertsten Teil geworden von dem, der er geworden! Den guten Gerhart Hauptmann, um ein anderes Exempel zu stabilieren, glaube ich in mehr als einer Beziehung bequem in die linke Westentasche stecken zu können. Nichtsdestoweniger ist er heute der große Mann, der »Reformator«, und *mich* pissen kaum die Hunde an! ARNO HOLZ

Das Ewig-Klassische zog ihn hinab. Aus dem Titanen ward ein Würdepopo. ALBERT EHRENSTEIN

Um die gleiche Zeit hat Gerhart Hauptmann bereits mit dem Abfall von den »Webern« begonnen. Er wird noch einige Jahrzehnte hindurch Haupt- und Nebensächliches dramatisieren, eine deutsche Sondererscheinung, bedeutend, aber ohne die federnde Härte der Kunst.

ALFRED ANDERSCH

Er ist kein Europäer; von großen humanen Ideen versteht er nichts.

SAMUEL FISCHER

Der berühmte Schriftsteller als Beruf.

MARTIN BUBER

Gabriel Schillings Flucht

Gerhart Hauptmann schickt seinem Drama das Wort voraus: »Es ist keine Angelegenheit für das große Publikum, sondern für die reine Passivität und Innerlichkeit eines kleinen Kreises.« Er veröffentlicht es danach in einer vielgelesenen literarischen Zeitschrift, deren leider oft übersehenes Verdienst darin besteht, an der Spitze des kulturellen Fortschritts zu marschieren und ihn dadurch vor einem halsbrecherischen Tempo zu behüten. Man drückt das Ganze am besten mit den eignen Worten des Dramas aus: dort stammen wir her – dort gehören wir hin. Es gibt einen Begriff, der die unmöglichste Synthese bedeutet, die je wurde, das ist der von Menschen, die an Hühneraugen leiden. Er enthält die Atmosphäre eines kleinbürgerlichen Schuhinnern vermengt mit echter Sensibilität. Frauenrechtlerinnen, Gottfried Keller, Werdandibündler, nicht mehr fest schließende Theologen, die Gefühlspezies: Opernkomponist, die Mehrzahl unserer heutigen deutschen Erzähler ist unter ihm zusammenzufassen und der Lamprechtsche Begriff der Reizsamkeit dieser Zeit wird durch ihn fast überflüssig. Diesmal hat ihm auch Gerhart Hauptmann – als einer Angelegenheit für die reine Passivität und Innerlichkeit eines kleinen Kreises – mit Deutlichkeit viel Liebes erwiesen.

ROBERT MUSIL

Nathaniel Hawthorne
Ein ästhetischer Fehler beeinträchtigte seine Gabe. Der puritanische Wunsch, aus jeder Phantasievorstellung eine Fabel zu machen, verleitete ihn dazu, sie mit moralischen Anhängern zu versehen und sie manchmal zu verfälschen.

JORGE LUIS BORGES

Friedrich Hebbel
Hebbel war eine ebenso merkwürdige wie brüchige und unbehagliche Figur, weder aus der deutschen Kulturgeschichte noch der des Literaturtheaters in Deutschland – die Geschichte des deutschen Dramas ist etwas anderes – ganz wegzudenken. RUDOLF BORCHARDT

Nach des Tages Müh' und Arbeit zieht es Hebbel, den Tagebuchverfasser, in eine Laubenkolonie des Denkens, wo Grübelei sich an spiraligen Sophismen ums Spalier rankt. Hemdsärmelig, polternd und maulend, macht er sich ans Werk. Und niemals ist man den größten Gegenständen breitspuriger, unzarter entgegengetreten.

WALTER BENJAMIN

Dieser »Ring des Gyges« ist ein Totgeborenes, das sich nicht einmal, da es niemals Leben gehabt haben konnte, künstlich galvanisieren läßt durch eine etwa darauf geleitete Idee. KARL GUTZKOW

Wie Goethe ist Hebbel als Verherrlicher bestehender Gesellschafts- und Wirtschaftsformen und Gegner jeder Revolution gestorben und wird darum trotz künstlerischer Unzulänglichkeit noch geraume Zeit von den Schmocks des Juste milieu als deutscher Dichter im sonstigen zum Himmel stinkenden Schutt deutscher Vergangenheit mit solchem Dung begossen werden: »Es führt dieser grimmige, harte Kämpfer zu dem Frieden Gottes, Goethes tätiger Weltseligkeit zurück.«

CARL STERNHEIM

Die famosen *Nibelungen* in pelzigen Bettvorlegern über verschwitzten Trikots bei Wagner und Hebbel kämpfen und bluten im Sinn des entwicklungsgeschichtlichen Standpunkts des Juste milieu, der ihnen infolge ihrer historischen Rückständigkeit manchmal schwer erkennbar ist. Erkennen sie ihn nicht, krepieren sie an diesem Gegensatz zur Welt wie auch Meister Anton in Maria Magdalene füglich. CARL STERNHEIM

Hebbel hat in seinen Gedichten – wie immer – etwas Statuarisches. Er singt wie der Geist im Don Juan. Das Leben kehrt nicht bei ihm ein, wie die Radien im Mittelpunkte; er ist ein umgekehrter Lyriker, er wandelt ins Leben hinaus, wie ein gefaßter Spaziergänger, wird selber von nichts berührt, sondern berührt dieses oder jenes, hängt hie und da seine Votivtafeln auf, zum Zeichen, daß er dagewesen – so findet er kursorisch, kontemplativ die Welt ab. FERDINAND KÜRNBERGER

In jedem Dichter ist ein Denker und ein Künstler. Hebbel ist der denkenden Aufgabe vollkommen gewachsen, der künstlerischen aber gar nicht. Oder mit anderen Worten: der Gedanke macht sich bei ihm nicht im Eindrucke geltend, sondern in der Reflexion. FRANZ GRILLPARZER

Er ist imstande, das Gespräch auf Gott zu bringen; er weiß, was Gott ist, und ich weiß es nicht. Das ist mir unangenehm. FRANZ GRILLPARZER

Georg Wilhelm Friedrich Hegel

Hegel ist ein plumper Scharlatan und seine Lehre eine philosophische Scharlatanerie. Der Grundgedanke seiner Afterweisheit war eine philosophische Hanswurstiade. Er ist eine philosophische Ministerkreatur, ein geistiger Kaliban, eine bestia trionfante, ein frecher Unsinnschmierer, ein Papier-, Zeit- und Kopfverderber. Das unsinnige Geschwätz erinnert an Deliramente der Tollhäusler, ein physisch wirkendes Vomitiv.

Hegel hat einen verdummenden, man könnte sagen pestilenzialischen Einfluß auf die Philosophie und damit auf die Deutsche Literatur gehabt. Hegel hatte eine solche Bierwirtsphysiognomie, daß die Deutschen schon an dieser hätten erkennen können, was ein Alltagsmensch er war. Die ganze Literaturgeschichte, alter und neuer Zeit, hat kein Beispiel von falschem Ruhme aufzuweisen, welches dem der Hegel'schen Philosophie an die Seite zu stellen wäre. Nie und nirgends ist das ganz Schlechte, das handgreiflich Falsche, ja offenbar Unsinnige mit solcher Frechheit als die höchste Weisheit gepriesen worden, wie jene Afterphilosophie. ARTHUR SCHOPENHAUER

Ich fand Hegeln so angenehm, verständig und rekonziliant, als ich in der Folge sein System abstrus und absprechend gefunden habe. FRANZ GRILLPARZER

Martin Heidegger

Feldweg: tritt so ein Philosoph aus seiner Wort- u Gedanken- u Nomenclaturwelt heraus – was ist er dann? Ein Idylliker, ein Bua, fern aller Problematik u. dialectischer Tragik, ein erstaunlich harmloses Etwas, einer, dem man nicht glauben kann, daß er an der Situation leidet u von dem man nicht sieht, wie er auf Lebensangst

u. Geworfenheit u das Leiden am Sein gekommen ist. Ein merkwürdiges Phänomen, diese Spaltung in Denker u. Schriftsteller, der Erstere vielleicht echt, ja tief, der letztere irrelevant u. unergiebig – oder ist der Erstere vielleicht nicht tief?? GOTTFRIED BENN

Auf Heidegger habe ich mal zwei-drei kostbare Lebenswochen verwendet, die Zeit tut mir immer noch leid.
PETER RÜHMKORF

Dem Heidegger fehlt doch das Entscheidende: das Trunkene (mit oder oder Wein). PETER HANDKE

der ruf ins sein. ein heimatroman.
REINHARD PRIESSNITZ

Ein Foto von Heidegger damals: ein Hitler der geistigen Sphäre. MARTIN BUBER

Heinrich Heine

Er ist ein Dichter ganz und gar, aber nit eine Viertelstund' könnt' ich mit ihm leben, wegen der Lüge seines ganzen Wesens. EDUARD MÖRIKE

Das Resumé, was ich heraus habe, ist und bleibt sein großes Talent: welches aber auch in ihm reifen muß, sonst wird's inhaltsleer, und höhlt zur Manier aus. Aber begründete Kritik hat er nicht; weil ihm in der Tiefe der Ernst, und das höchste Interesse fehlt; welches allein Zusammenhang und zusammenhängenden Überblick gewährt.
RAHEL VARNHAGEN

Heines Dicht-Manier (besonders seine neuere) ist das Erzeugnis der Ohnmacht und Lüge. Weil seine verworrenen Gemütszustände sich nicht in die Klarheit eines entschiedenen Gefühls auflösen lassen, oder weil er nicht den Mut oder die Kraft besitzt, den hiezu notwendigen inneren Prozeß abzuwarten, wirft er den Fackelbrand des Witzes in die werdende Welt hinein und läßt sie gestaltlos für nichts und wieder nichts verflammen. Diese Verklärung durch den Scheiterhaufen ist aber nur dann zu gestatten, wenn ein Phönix davonfliegt; an dem Phönix fehlt es jedoch bei Heine, es bleibt nichts übrig, als Staub und Asche, womit ein müßiger Wind sein Spiel treibt. FRIEDRICH HEBBEL

Ohne Heine kein Feuilleton. Das ist die Franzosenkrankheit, die er uns eingeschleppt hat. Wie leicht wird man krank in Paris! Wie lockert sich die Moral des deutschen Sprachgefühls! Heinrich Heine hat der deutschen Sprache so sehr das Mieder gelockert, daß heute alle Kommis an ihren Brüsten fingern können. Mit leichter Hand hat Heine das Tor dieser furchtbaren Entwicklung aufgestoßen. KARL KRAUS

Sehr nett zu lesen (sehr nett zu vergessen).
ARNO SCHMIDT

Den Gärtner nährt sein Spaten,
Den Bettler sein lahmes Bein,
Den Wechsler seine Dukaten,
Mich meine Liebespein.

Drum bin ich dir sehr verbunden,
Mein Kind, für dein treulos Herz;
Viel Gold hab' ich gefunden
Und Ruhm im Liebesschmerz.

Nun sing' ich bei nächt'ger Lampe
Den Jammer, der mich traf;
Er kommt bei Hoffmann und Campe
Heraus in Klein-Oktav.

HEINRICH HEINE

Lutetia

Ein freches, gewissenloses und rohes Buch.

CARL STERNHEIM

Wilhelm Heinse

Der Mann hat den Sokrates immer im Munde und denkt und schreibt, wie nur ein Mensch schreiben kann, in welchem die Wut der ausgelassensten Geilheit alles sittliche Gefühl erstickt hat... . Überlassen wir ihn seinem Schicksal. Ein Autor, der wie ein Pavian seine einzige Freude daran findet, obszöne Posturen und Grimassen gegen seine Leser zu machen, ist kein Mensch, mit dem ehrliche Leute sich in Sozietät einlassen können.

CHRISTOPH MARTIN WIELAND

Ardinghello

Das Produkt ist gemein, niedrig, ohne alle Ausnahme verwerflich, sobald es *kalt* und sobald es *leer* ist (...) Daher bleibt Ardinghello bei aller sinnlichen Energie und allem Feuer des Kolorits immer nur eine sinnliche Karikatur ohne Wahrheit und ohne ästhetische Würde.

FRIEDRICH SCHILLER

Ardinghello ist der leibhaftige Repräsentant dessen, was man damals Genie nannte: jung, schön, ein rüstiger Fußgänger, Maler, Dichter und ein enthusiastischer Verehrer Homers und der Griechen überhaupt, eine Art von Don Juan, dessen Liederlichkeit aber um so widerwärtiger wird, da sie das Gemeine philosophisch ausschmückt. ›Genuß jedes Augenblicks‹, sagt er, ›versetzt uns unter die Götter. Was hat der Mensch und jedes Wesen mehr als die Gegenwart? Traum ohne Wirklichkeit alles Übrige. Wer den reizbarsten, innigsten Sinn für die Schönheiten der Natur hat, ihre geheimsten Regungen fühlt, deren Mängel nicht vertragen kann und denselben abhilft nach Kräften, der übt aller Religionen Wahrstes und Heiligstes aus.‹ Kein Wunder daher, daß er die Beschreibung eines Bacchanals in Rom, wo junge Künstler und Mädchen nackt miteinander tanzen, mit den Worten schließt: ›... und es ging immer tiefer ins Leben, und das Fest wurde *heiliger.*‹ JOSEPH VON EICHENDORFF

Helmut Heißenbüttel

Bei dem seinen Textbüchern steht doch nur links oben eine Art Gedicht, der Rest der Seite ist leer, steht doch nichts druff. ARNO SCHMIDT

Joseph Heller

»Weiß Gott« ist eine bis zum Gehtnichtmehr, Kannichtmehr, Magnichtmehr plattgewalzte Pennälerposse. Wie konnte sich ein so intelligenter Autor nur so lemmingsfromm in den Abgrund stürzen. Sein Bemühn um Witz hat etwas Verzweifeltes. Läuft es denn immer so, daß erfolgreiche Romanciers nach 2-3 Bestsellern nichts Erzählenswertes mehr erleben, daß ihnen gar nichts Neugierweckendes mehr einfällt? Es ist so. Aber muß es auch wirklich so sein? BERND EILERT

Lillian Hellmann

Every word she writes is a lie, including *and* and *the.*

MARY McCARTHY

Ernest Hemingway

Armer Kerl, dreimal heiraten zu müssen, um herauszufinden, daß die Ehe ein Fehler ist und daß man, um Frieden zu haben – wenn man schon so blöd war, überhaupt zu heiraten –, die erste unbedingt behalten und sich weit von ihr fernhalten soll, in der Hoffnung, sie zu überleben. Wenigstens kann man dann von keiner anderen mehr geheiratet werden, was eintritt, wenn man sich scheiden läßt. Offenbar kann der Mensch geheilt werden von Drogen, Trunk, Spielsucht, Nägelkauen und Nasenbohren, aber nicht vom Heiraten. WILLLIAM FAULKNER

Bemerkungen sind noch keine Literatur.

GERTRUDE STEIN

But there it is: if you ask yourself how you would be able to tell a page of Hemingway, if it were unexpectedly before you, you would be compelled to answer, *Because it would be like Miss Stein!* And if you were asked how you would know that it was not by Miss Stein, you would say, *Because it would be probably about prize-fighting, war, or the bull-ring, and Miss Stein does not write about war, boxing or bull-fighting!* It is very uncomfortable in real life when people become so captivated with somebody else's tricks that they become a sort of caricature or echo of the other; and it is no less embarrassing in books, at least when one entertains any respect for the victim of the fascination. WYNDHAM LEWIS

The Dumb Ox: A Study of Ernest Hemingway.

WYNDHAM LEWIS

Ich mag keinen Mann, der beim Nachhausegehen die Abkürzung nimmt. WILLIAM FAUKNER *(über Hemingways Selbstmord)*

Johann Gottfried Herder

Herder schrieb anfangs zäh, voll und klümpricht. Aber er hat sich auseinandergeschrieben und mittelst der Auflösung in Wasser sich selbst verderbet.

FRIEDRICH SCHLEGEL

Herder ist jetzt eine ganz pathologische Natur, und was er schreibt, kommt mir bloß vor wie ein Krankheitsstoff, den dieser auswirft, ohne dadurch gesund zu werden. Was mir an ihm fatal und wirklich ekelhaft ist, das ist die feige Schlaffheit, bei einem innern Trotz und Heftigkeit. Er hat einen giftigen Neid auf alles Gute und Energische und affektiert, das Mittelmäßige zu protegieren. Goethen hat er über seinen »Meister« die kränksten Dinge gesagt. Gegen Kant und die neusten Philosophien hat er den größten Gift auf dem Herzen, aber er wagt sich nicht recht heraus, weil er sich vor unangenehmen Wahrheiten fürchtet, und beißt nur zuweilen einen in die Waden.

FRIEDRICH SCHILLER

Seine Werke sind genialisch flach und oratorisch geschmeidig.

FRIEDRICH SCHILLER

Herders Buch machte mir ziemlich dieselbe Empfindung wie Ihnen, nur daß ich auch hier, wie gewöhnlich bei seinen Schriften, immer mehr von dem, was ich zu besitzen glaubte, verliere, als ich an neuen Realitäten dabei gewinne. Er wirkt dadurch, daß er immer aufs Verbinden ausgeht und zusammenfaßt, was andere trennen, immer mehr zerstörend als ordnend auf mich.

FRIEDRICH SCHILLER

Stefan Hermlin

In seiner Vita wird auf die Herkunft aus einer »gebildeten bürgerlichen Familie« hingewiesen. Sowas macht sich bei einem Sozialisten gut. Unsere Leute, hier im Westen, waren alle irgendwann mal Arbeiter.

WALTER KEMPOWSKI

Hermann Hesse
Kleiner Mann, Deutsche Innerlichkeit, der es schon kolossal vorkommt, wenn irgendwo ein Ehebruch erlitten oder gestartet wird ... Spezi von Thomas M. Daher der Nobelpreis, sehr treffend u. passend innerhalb dieses moddrigen Europa. GOTTFRIED BENN

Den empfand ich immer als einen durchschnittlichen Entwicklungs-, Ehe- und Innerlichkeitsromancier – eine typisch deutsche Sache! GOTTFRIED BENN

Langweilige Limonade. ALFRED DÖBLIN

Paul Heyse
Paul Heyse war ein geistreicher und gepflegter Kopf, voll liebenswürdiger Einfälle, und mit dem Geschenke einer schrankenlosen, ungehemmten und daher nie verdichteten Erzählergabe ausgestattet; der die Künste für einen Schmuck des Lebens hielt, und in einer toten Sprache, dem »poetischen Deutsch«, jene hochgebildete Humanistenpoesie übte, die im sechzehnten und siebzehnten Jahrhundert Lateinisch geübt wird und mit leichter Sauberkeit die Klassiker, die man auswendig kann, jeden in seinen Maassen, reproduziert. Sein in Anthologien noch lebendes Gedicht »Dulde gedulde dich fein, über ein Stündlein ist deine Kammer voll Sonne« ist eine solche typische, bis ins geborgte Mundartliche hinein gelungene, gehaltlos seichte Humanistenreplik von Mörikes tragischem Peregrinen-Ausklang »Herr schicke was du willt, ein Liebes oder Leides«. RUDOLF BORCHARDT

Haben Sie jemals Zuckerwasser getrunken?

ARNO SCHMIDT

Alberto Hidalgo

Alberto Hidalgo verwies auf meine Gewohnheit, die gleiche Seite zweimal zu schreiben, mit geringsten Variationen. Ich bedauere, ihm geantwortet zu haben, er sei nicht minder binär, abgesehen davon, daß in seinem besonderen Fall die erste Version von einem anderen stamme.

JORGE LUIS BORGES

Rolf Hochhuth

Von Hochhuth kenne ich nur den *Stellvertreter.* Der Hochhuth ist ein ganz merkwürdiger Mensch. Er war kürzlich bei mir und wollte ein Interview machen. Da hatte er so ein Tonbandgerät. Aber mit dem war dann nichts. Ein paar Tage später rief er mich an und fragte, ob ich einen Apparat hätte, der seinen Apparat geheim auslöscht. Ich glaube, er hat einen Verfolgungswahn.

FRIEDRICH DÜRRENMATT

Jakob van Hoddis

Das Problem Heym–Hoddis scheint quatsch zu sein. Denn Hoddis kann garnichts. Wie kann man nur so blind sein.

GEORG HEYM

E. T. A. Hoffmann

Welcher treue, für Nationalbildung besorgte Teilnehmer hat nicht mit Trauer gesehen, daß die krankhaften Werke jenes leidenden Mannes lange Jahre in Deutschland wirksam gewesen und solche Verirrungen als bedeutend fördernde Neuigkeiten gesunden Gemütern eingeimpft wurden.

JOHANN WOLFGANG GOETHE

Sein ganzes Leben war im Grunde nur ein geistreiches Capriccio ohne eigentlichen Inhalt.

JOSEPH VON EICHENDORFF

Glimpf und Schimpf, Verstand und Überschwänglichkeit, Grauen und schallendes Gelächter, Rührung und ironischer Hohn ringen und fressen hier, wie die bekannten beiden Löwen, einander in der Verzweiflung wechselseitig auf, daß nichts als die Schweife übrig bleibt. Sein Mangel war daher weniger ein literarischer als ein ethischer, und es ist keineswegs zufällig, daß die ganz unmoralische sogenannte Romantik in Frankreich ihn fast ausschließlich als ihren deutschen Vorfechter anerkennt.

JOSEPH VON EICHENDORFF

Hugo von Hofmannsthal

Herr v. Hofmannsthal, dem frühzeitig die Mittel dazu geboten waren, hat sich bis heute als Goethenatur in engeren Kreisen gut bewährt. KARL KRAUS

Erlebt hat er eigentlich gar nichts. Durchgemacht auch nichts. Ein Schieber, Bankierssohn, mit sehr viel gepumpten Beständen. GOTTFRIED BENN

Hofmannsthals »Andreas« als Beispiel eines Scheiterns, das unausweichlich bleibt, wenn man versucht, ein Werk aus Atmosphäre und aus ihr allein zu entwickeln.

ALFRED ANDERSCH

Der simuliert Goethe, stellt sich Shakespeare. Wie sich Wehrlose in Volksschullesebüchern aastot stellen, so gibt sich Hofmannsthal lebendiger als er ist, mimt Euripides, damit ihn der Bär ›Zeit‹ nicht verschlinge, möchte gern von den Großen in die Ewigkeit mitgenommen werden, hängt sich gern an ihre Wagen und läßt sich ziehen.

ALBERT EHRENSTEIN

»Könnten Sie nicht ein wenig vergessen, berühmt zu sein?«

ROBERT WALSER

Bei Hofmannsthal ist mir zu wenig an Schmerz zu spüren, als ein Mitschwingen in den Worten.

PETER HANDKE

Hofmannsthal, noch einmal, fehlt oft die Dramatik der Form, das Dringliche der Sätze. So vieles ist ihm zugeflogen. Daher wird eher selten ein Leben sichtbar, und eher selten auch die Teilnahme an diesem möglich. Zu selbstgewiß ist er, im Vergleich etwa zum fruchtbar selbstkritischen, ja – quälerischen Grillparzer.

PETER HANDKE

Hofmannsthal ist ein Literat gewesen, der im Laufe seines Lebens zu einem lauteren Menschen wurde.

MARTIN BUBER

Friedrich Hölderlin

Seine gräßlich langen Oden sind überflüssig.

GOTTFRIED BENN

Gestern ist auch Hölterlein bey mir gewesen, er sieht etwas gedrückt und kränklich aus, aber er ist wirklich liebenswürdig und mit Bescheidenheit, ja mit Ängstlichkeit offen. Er ging auf verschiedene Materien auf eine Weise ein, die Ihre Schule verrieth, manche Hauptideen hatte er sich recht gut zu eigen gemacht, so daß er manches auch wieder leicht aufnehmen konnte. Ich habe ihm besonders gerathen kleine Gedichte zu machen und sich zu jedem einen menschlich interessanten Gegenstand zu wählen. Er schien noch einige Neigung zu den mittlern Zeiten zu haben in der ich ihn nicht bestärken konnte.

JOHANN WOLFGANG GOETHE

Hölderlin, Jean Paul (Richter) und andere

Ob diese Schmid, diese Richter, diese Hölderlin absolut und unter allen Umständen so subjektivisch, so überspannt, so einseitig geblieben wären? Ob es an etwas Primitivem liegt, oder ob nur der Mangel einer ästhetischen Nahrung und Einwirkung von außen und die Opposition der empirischen Welt, in der sie leben, gegen ihren idealischen Hang diese unglückliche Wirkung hervorgebracht hat?

FRIEDRICH SCHILLER

Hölderlin, Klopstock & Stramm

Der einzige Trost ist noch der, daß die Herren in dem, was sie als »Gedichte« deklarieren, eigentlich ja nur gute Prosa geben: Kryptoprosaisten sind sie, Einer wie der Andere!

ARNO SCHMIDT

Arno Holz

Phantasus (1916)

Arno Holz erscheint im Format der Bibel.

WERNER KRAFT

Homer

Wenn die Bewunderer Homers aufrichtig wären, so würden sie die Langeweile eingestehen, die ihnen ihr Liebling oft verursacht.

VOLTAIRE

Das Verdienst desjenigen, welcher den Kartoffelbau bei uns eingeführt hat, ist größer als das des Dichters der Ilias und Odyssee. JOACHIM HEINRICH CAMPE

Victor Hugo

Dieser Mann ist so wenig elegisch veranlagt, so wenig ätherisch, daß er sogar einem Notar Abscheu einflößen könnte. Hugo, in seinem Priestertum, hat stets die Stirn gesenkt – zu sehr gesenkt, als daß er etwas anderes sehen könnte als seinen Nabel. CHARLES BAUDELAIRE

Und noch während ich Browning las, dachte ich: Aber wir haben Victor Hugo! Also habe ich heute morgen »La légende des siècles« wieder vorgenommen und mit größter Mühe den »Eviradnus« gelesen. Verblüfft über die gigantische Albernheit dieser erhabenen Verse.

ANDRÉ GIDE

Apropos of the sense of humour, the absence of this quality is certainly Victor Hugo's great defect – the only limitation (it must be confessed it is a serious one) to his imaginative power. HENRY JAMES

Victor Hugos Religion ohne Glauben ist so etwas wie Wein ohne Alkohol, Kaffee ohne Koffein und die Topinambur, diese ärmliche Verwandte der Kartoffel. Der Protestantismus war bereits an derartigen hygienischen Vervollkommnungen gescheitert. Ein Franzose wird noch stets ein aufrichtiges und mutiges Nein solchen geschmacklosen Nachahmungen vorziehen. PAUL CLAUDEL

Victor Hugo war ein Wahnsinniger, der sich einbildete, Victor Hugo zu sein. JEAN COCTEAU

Alexander von Humboldt

Ich, meine Werke dem Kompilator zu Füßen legen? – Sie trauen mir mehr Demut zu als ich besitze. Die Speichelleckerei der Gelehrten gegen ihn ist ekelhaft, zumal wenn sie seinen schönen Stil bewundern. Der hat etwas ganz specifisch Langweiliges, in seiner breiten Wohlgesetztheit. Mit welcher irgend wichtigen allgemeinen Wahrheit Humboldt die Menschheit bereichert habe, habe ich noch zu lernen. ARTHUR SCHOPENHAUER

Aldous Huxley

Wenn Saul es war, der auszog, um eine Herde zu suchen u. ein Königreich fand, so zog Herr H. mit Unterhaltungsromanen aus, um mit den Plattheiten seines durch hohe Auflagen erworbenen Wohlstands heimzukehren.

GOTTFRIED BENN

Es gab eine endlose Reihe junger Männer aus Oxford, wie Brett und Lytton und Aldous Huxley, der für meinen Geschmack zuviel über seine prosaischen Liebesaffären redet und der, laut Ott, in tiefe Schwermut fällt, wenn er an Maria denkt. VIRGINIA WOOLF

Henrik Ibsen

»Die Gespenster«: Solche Bücher schreibt man nicht.

PAUL HEYSE

Als ich 1906 bei meiner Tochter in Rendsburg auf Besuch war, kaufte ich mir die sämtlichen Werke Ibsens. Ich habe sie aber gar nicht nach Braunschweig mitgenommen, die Lust zum Wiederlesen war mir gründlich vergangen. Diese verquollene Kommode wird sehr mulstrig riechen, wenn sie in fünfzig Jahren wieder einmal geöffnet wird.

WILHELM RAABE

Einstweilen getröste ich mich der Lebenskraft, die meine Sachen hie und da bewähren und die selbst die verbissensten Nachbeter jener Fabel stutzig machen. Und daß hin und wieder eine Stimme laut wird: es werde einem bei solcher Poesie doch wohler als bei der Fäulnis duftenden Ibsenschen Dramatik, nehme ich auch für ein günstiges Zeichen der Zeit. Ich kann nicht glauben, daß es mit dem, was wir große Poesie nennen, ein für alle Mal zu Ende sein soll, weil gewisse Virtuosen des Häßlichen ihre Künste mit so starkem Effekt betrieben. Aber wäre der Posten auch noch verlorener, ich werde ihn behaupten, bis ich abgelöst werde.

PAUL HEYSE

Wir haben uns so daran gewöhnt, zu glauben, was die Deutschen von Ibsen sagen, daß wir ihn schon in der Erwartung lesen: jetzt werden wir Weisheit zu hören bekommen; es steht schon im voraus fest, daß alles gut ist.

Und stoßen wir im Buch auf den einen oder anderen seltsamen Kometen, so ist es kein Komet, nein, es ist ein Rätsel, und wenn uns das trotzdem höchst seltsam erscheint, so ist es nicht die Schuld des Autors, wir verstehen ihn bloß nicht. Und das sei zugestanden: der Mann hat eine besondere Neigung – zu schwafeln.

KNUT HAMSUN

Die Frau vom Meer
Was ist die Frau vom Meer? Ich weiß es nicht, ich weiß es einfach nicht, denn die Frau vom Meer redet göttlichen Kohl. – Nein, das ist doch ein Buch für Deutsche, für Leute, die schon Übung darin haben, tiefsinnige Dichtungen zu lesen. Ibsen hat ein Buch geschrieben, das reicht; seine ganze Gemeinde nimmt Platz, um abergläubisch auf seine Worte zu starren und sie vortrefflich dunkel zu finden. Und die Deutschen weiden sich und reiben sich die Hände – ah wunderschön! Und ich nehme auch Platz, um zu lesen, und ich lese und lese und stoße gewaltig mit Kometen zusammen, und ich lese die Kometen, und ich versuche, sie zu singen, und ich sage verzweifelt: Hol dich der Teufel, sprich doch deutlich, Mensch! – Nein, das Buch löscht alle meine Lichter.

KNUT HAMSUN

Nora, oder ein Puppenheim
Nora ist die größte Quatschliese, die je von der Bühne herab zu einem Publikum gesprochen hat.

THEODOR FONTANE

Karl Immermann
Ferner las ich Immermanns »Periander«; es ist das schlechteste Meisterstück, das ich kenne.

HEINRICH HEINE

Jabès

Der Dichter *Jabés* preist das Schweigen.
Der Fernseh tut ihn dabei zeigen,
wie er spricht und spricht und spricht:
Schweigen ist das nicht. ROBERT GERNHARDT

Heinrich Eduard Jacob

Der höhere Schmock, von Molière vorgeahnt, preziöser Salonphilosoph, Dummkopf. BERTOLT BRECHT

Hans Henny Jahnn

Perrudja

Es ist Heimatkunst der analen Zone.

WALTER BENJAMIN

Henry James

James could also be at times rather silly. His views on Shakespeare, for example, suggest his sense of the past did not include something rather different, a sense of certain historical disconnections from the present.

ANTHONY POWELL

Vor vierzig Jahren wurden einem Geschichten erzählt, wie James gegen Ende seines Lebens Hugh Walpole küßte und wie, als er dies hörte. Wildes Freund Robbie Ross gesagt hatte: »Wenn wir das gewußt hätten, hätten wir doch jemand Besseres für ihn finden können!« Ganz im Ernst führe ich diese Geschichte natürlich nicht an ... ANTHONY POWELL

André Gide sagt irgendwo (ich zitiere aus dem Gedächtnis), daß Henry James intelligent, aber uninteressant gewesen sei. Abgesehen von der Möglichkeit, daß im Laufe der Jahre ein solches Urteil Gide selbst ereilen wird, sieht man doch ein, daß dies ein stringenter Einwand gegen James als Romancier sein könnte.

ANTHONY POWELL

Jean Paul

Jean Paul ist in Gedanken, ja in seinen Empfindungen erhaben, aber seine Phantasie ist *gemein,* sie malt nur *niedrige Gegenstände mit Wahrheit,* und gerade die Phantasie ist das Spiegelbild des Menschen. FRANZ GRILLPARZER

Von Hesperus habe ich Ihnen noch nichts geschrieben. Ich habe ihn ziemlich gefunden, wie ich ihn erwartete; fremd wie einer der aus dem Mond gefallen ist, voll guten Willens und herzlich geneigt, die Dinge außer sich zu sehen, nur nicht mit dem Organ, womit man sieht.

FRIEDRICH SCHILLER

Jean Paul wusste sehr viel, aber hatte keine Wissenschaft, verstand sich auf allerlei Kunstgriffe in den Künsten, aber hatte keine Kunst, fand beinahe Nichts ungenießbar, aber hatte keinen Geschmack, besass Gefühl und Ernst, goss aber, wenn er davon zu kosten gab, eine widerliche Thränenbrühe darüber, ja er hatte Witz, – aber leider für seinen Heisshunger darnach viel zu wenig: weshalb er den Leser gerade durch seine Witzlosigkeit zur Verzweiflung treibt. Im Ganzen war er das bunte starkriechende Unkraut, welches über Nacht auf den zarten Fruchtfeldern

Schiller's und Goethe's aufschoss; er war ein bequemer guter Mensch, und doch ein Verhängnis, – ein Verhängnis im Schlafrock. FRIEDRICH NIETZSCHE

Sooft ich ein paar Seiten im Jean Paul lese, überkommt mich ein Ekel und ich muß das Buch weglegen.
JOHANN WOLFGANG GOETHE

Der Knabe ist im Schulhause geboren, alles Enge, Pedantische, aber auch alles Fromme und Redliche eines armen Lehrers färbt seine ersten Stunden. Beginnt nun der Blick weiter zu dringen, so erscheint ihm Bayreuth als das Höchste menschlicher Pracht und Herrlichkeit, Bayreuth mit seinen bronzierten Markgrafen, mit den Porzellan-, Schnecken- und bunten Kieselwundern der Eremitage und Fantasie. Geschmacklos, aber eigenartig ist Alles, was ihn umgibt, wohin er mit seiner Sehnsucht dringt. Verdeutlicht man sich diese Umstände von Jean Pauls erster Lebensformation, und denkt man sich nun einen, allerdings zu manchen Velleitäten aufgelegten Geist hinzu, so muß unsere Verwunderung über einen Schriftsteller, der mit allem Genie, Gefühl, Witz, Scharfsinn doch eigentlich nur ein kompletter Narr ward, sich mindern. Man muß Bayreuth, man muß das Fichtelgebirge besuchen, um Jean Paul in seiner Genesis verstehen und entschuldigen zu lernen. KARL IMMERMANN

Wo Jean Paul zu denken scheint, parodiert er doch eigentlich nur die Gedanken anderer. FRIEDRICH SCHLEGEL

Jean Paul ist doch zuweilen unerträglich, und er wird noch unerträglicher werden, wenn er nicht bald dahin gelangt, wo er ruhen muß. Er würzt alles mit Cayenneschem Pfeffer und es wird ihm begegnen, was ich einst

Sprengeln weissagte, er wird, um sich kalten Braten schmackhaft zu machen, geschmolzenes Blei oder glühende Kohlen dazu essen müssen. Wenn er wieder von vorne anfängt wird er groß werden.

GEORG CHRISTOPH LICHTENBERG

Titan

Dieser ansehnliche Bandwurm hat nämlich das mit den Bandwürmern der Walfische und aller andern Tiere gemein, daß jedes neue Glied gerade so ein Ding ist wie das alte, eine vollkommene Kreatur mit Saugeloch und allem. Wird Kopf oder Schlußglied abgerissen; man merkt es nicht. Das folgende oder vorhergehende vertritt seine Stelle. Dieser zweite Teil des *Titan* unterscheidet sich in nichts von dem ersten, als darin, daß er der zweite ist. Der Mäander des Richterschen Witzes rieselt durch dieses Buch, wie durch alle anderen Werke des Verfassers, in so tausendfachen Krümmungen bergauf, bergab, daß er selbst wohl selten weiß, woher er komme, noch wohin er fahre; und rollt in ebenso reichlicher Menge Schlamm und Kies.

GARLIEB MERKEL

Ich lese jetzt den Titan von Jean Paul. Der Siebenkäs kann sich einem Roman von Goethe an die Seite stellen, der Titan (freilich bin ich erst bis an den 3ten Band gekommen) kanns nicht. Besonders ist mir dieses Produkt aus Rosen- und Lilien-Essenzen, die Liane zuwider. So sind die Weiber nicht, und Gott bewahre sie vor solcher Verklärung. Überhaupt fehlt es hier fast überall an Gestaltung.

FRIEDRICH HEBBEL

Rares Gemisch von Oberflächlichkeit und Tiefsinn.

ARNO SCHMIDT

Die ungeheure Form- und Geschmacklosigkeit desselben scheint mir durch ihren Reichtum an glänzenden, witzigen, oft großen Gedanken nur noch greller zu werden.

GARLIEB MERKEL

Poetische Kleinigkeiten

Jean Pauls Einfall ist recht gut, aber in der Ausführung spürt man wenig Geistreiches, und der gute Geschmack möchte manches dabei zu erinnern haben.

JOHANN WOLFGANG GOETHE

Des Luftschiffers Giannozzo Seebuch

In dem komischen Anhang des »Titan« brechen zwei den Hals, der Luftschiffer Giannozzo einmal und der Witz des Verfassers zehntausendmal. GARLIEB MERKEL

siehe auch unter: Ludwig Tieck und Friedrich Hölderlin

Elfriede Jelinek

Lektüre Elfriede Jelinek Lust – aber so unlustig hat mich selten ein Buch zurückgelassen. Frage, wo auf der Welt es denn überhaupt solche ausgedachten Mesalliancen gibt wie diese zwischen einem virilen Fabrikdirektor und einer dem Beischlaf freudlos entgegenbangenden Gattin? Soll doch froh sein, daß der Alte solch ein unermüdlicher Springbock ist und dazu noch so schönen florierenden Betrieb an den Hacken hat.

PETER RÜHMKORF

Jewgeni Jewtuschenko

Jewtuschenko = eine Operndiva, ein Torero ohne Stier. Sowas habe ich noch nie erlebt. Niederste Schmiere, und alle, alle Herzen fliegen ihm zu. PAUL WÜHR

Juan Ramón Jiménez
Platero und ich
Wir empfinden es als unsere Pflicht, Ihnen mitzuteilen, ganz uneigennützig natürlich – daß uns Ihr Werk als zutiefst unmoralisch, hysterisch, willkürlich anwidert. Ganz besonders gilt das, Scheiße!, für Ihren »Platero und ich«, der uneselhafteste Esel, der hassenswerteste Esel, der uns jemals begegnet ist.
Scheiße!
Hochachtungsvoll!

LUIS BUÑUEL
SALVADOR DALI

Carl Gustav Jochmann
Einzeiler
Dunstgranaten. JOHANN WOLFGANG GOETHE

Uwe Johnson
Wer es auf sich genommen hat, die fast 2000 Seiten »Jahrestage« zu Ende zu lesen, der hat auch das Recht, seine Eindrücke in einem Wort zusammenzufassen: Schnüß. Und in drei: Ein verblendeter Unfug.

ECKHARD HENSCHEID

siehe auch unter: Günter Kunert

James Joyce
Joyce, der sein Leben lang diese eine literarische Methode herunterklappert, die ein wirklicher Genialer in einem Buch realisiert und für die Öffentlichkeit klargestellt hätte. GOTTFRIED BENN

Ich hatte eine Nummer von *transition*, der Pariser Zeitschrift – die amerikanische Nummer. Mein Gott, was für

PENGUIN
BOOKS
MYSTERY AND CRIME

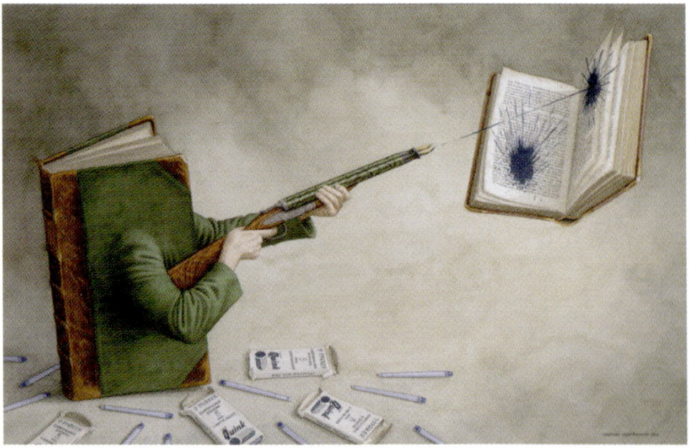

eine unelegante *olla Putrida* ist doch James Joyce! Nichts als alte Stummel und Kohlstrünke von Zitaten aus der Bibel und sonstwoher, geschmort in einer Sauce vorsätzlicher, journalistischer Schmutzfinkereien – was für eine alte und mühsam erarbeitete Abgestandenheit unter der Maske des Brandneuen! D. H. LAWRENCE

Nun möchte ein Freund von Dir, James Joyce genannt, daß wir seinen neuen Roman drucken. Ich zögere eher, das in Barbaras Hände zu legen, obgleich sie eine verheiratete Frau ist. Die Direktheit seiner Sprache und die Auswahl der Begebenheiten – falls es die überhaupt gibt, aber das läuft auf dasselbe hinaus – haben selbst mir die Schamröte ins Gesicht getrieben. Ist das eine irische Eigenschaft? Ich muß mich unverzüglich waschen, weil ich voll Druckerschwärze bin ... Ich möchte Joyce nicht einmal im Nachbarzimmer haben. VIRGINIA WOOLF

Ich lese jetzt Joyce, und mein Eindruck nach 200 von 700 Seiten ist, daß der arme junge Mann nur ein Spatzenhirn hat, sogar im Vergleich zu George Meredith. Ich glaube, wenn man die Bedeutung einer Seite von Joyce wöge, so wäre sie zehn Mal leichter als die einer Seite von Henry James. VIRGINIA WOOLF

Wortdurchfall. WYNDHAM LEWIS

»Ich finde unseren Freund ... sehr leutselig und umgänglich, finden Sie nicht? Nur vielleicht ein ganz klein wenig gestelzt?« Aber Eliot fand ihn ausgesprochen schwer zu ertragen und *arrogant* ... »Ich finde nicht, daß er *arrogant* ist«, sagte ich ... »Er erweckt vielleicht nicht den Anschein«, erwiderte Eliot in raunzigem Bostoner Zimmerstärken-Groll. »Er erscheint vielleicht nicht arrogant, nein.« »Sie meinen, er hat den Hochmut Luzifers?« »Ach, Luzifer möcht ich vielleicht nicht sagen!« Eliot sofort vorsichtig, als er das böse Prinzip so leichtfertig beim Nachnamen genannt hörte. »Luzifers würden Sie nicht sagen? Aber ich wette, daß er sich selbst für ›so stolz wie Luzifer‹ hält oder sonst so einen echtirischen Mumpitz. Wie sie hinterm Mond sind, diese Leute, Gott sei ihren klumpigen Torftrampelschuhen gnädig!« »Hinterm Mond, ja!« pflichtete Eliot salbungsvoll bei. »Hinterm Mond.« WYNDHAM LEWIS

There was once a young writer named Joyce
Whose diction was rigidly choice,
And all his friends' woes
Were deduced from his prose
Which never filled anyone's purse.

EZRA POUND

Noch nie habe ich so viel Anmaßung getroffen und so wenig, das sie gerechtfertigt hätte. W. B. YEATS

Finnegans Wake

Eines Tages versammelte er uns zur Lesung von »Finnegans Wake«. Er glaubte sich wohl auf einer Opernbühne, denn er psalmodierte seinen Text durch mehrere Tonarten. Zweifellos hätte er sein ganzes Talent dafür gegeben, ein großer Tenor zu werden. Diesen Traum erfüllt er sich mit seinem letzten Text. Die Wortmarmelade, die er deklamierte, hielt ungefähr die Mitte zwischen Literatur und Gesang. Ich hatte den Eindruck, daß Joyce sich über unsere Verblüffung amüsierte. Wie bei einem abstrakten Gemälde oder einem Operntext gab es in »Finnegans Wake« nichts Genaues zu verstehen. Der Strudel verschlingt jegliche Interpretation. CLAIRE GOLL

Stotterndes Gekeife. ARNO SCHMIDT

Da finden sich die richtigen Kalauer! »Finnegans Wake« ist ein tragischer Fehlschlag und ein sterbenslangweiliger Schinken obendrein. VLADIMIR NABOKOV

Ernst Jünger

Katastrophal! Weichlich, eingebildet, wichtigtuerisch u. stillos. Sprachlich unsicher, charakterlich unbedeutend .... Es hat in genügender Menge das Mulmige, ohne das die Deutschen den Geist nicht ertragen, das Gedrückte, leicht religiös Gefärbte, das den Autor so unangenehm harmlos u. achtenswert macht, die Klarheit u. Schärfe des durchbrechenden Genies mangelt ihm völlig, jede Latinität: – kurz: Timmendorfer Strand contra Portofino.

GOTTFRIED BENN

Ernst Jünger ist eher auf einer Linie zu sehen mit Albert Speer oder dem Großadmiral Dönitz als mit irgendeinem vergleichbaren Schriftsteller. Und wenn er bei einem seiner höheren Geburtstage mit Empfang auf der Solitude bei Stuttgart gesteht, er komme sich eher wie ein General denn wie ein Autor vor, so ist das nur eine korrekte, wenn auch verhohlene Selbsterkenntnis. Er ist der schriftstellernde Militär geblieben, als der er anfing, und das nicht zu sehn, war auch mein Versagen.

HELMUT HEISSENBÜTTEL

30.3.90 Geburtstag Ernst Jünger. Hat den durchlöcherten Stahlhelm aus Weltkrieg I früher auch schon mal verschämter vorgeführt – jetzt ganz selbstverständlich und mit so einem Schlenker wie: Na, dann wolln wir mal ran an die Devotionalien. Überraschte mit dem Ahapercu, daß Gorbatschow und gordischer Knoten in einer gemeinsamen Grundsilbe akkordieren. Milchmädchenmystik. PETER RÜHMKORF

Wir wollen uns auf die Frage der Bedeutung Jüngers gar nicht einlassen. Gesetzt den Fall, er hätte wirklich eine – aber er ist ein Tor, ein Barbar und ein Verworrener – man müßte ihn entweder gar nicht zur Kenntnis nehmen, oder in zwei wegwerfenden Sätzen abtun. JOSEPH ROTH

Nie wieder Jünger! Mir war mittlerweile völlig gleichgültig geworden, ob Jünger ein präfaschistischer oder nazihafter Autor war oder ein Widerstandskämpfer, ob er links oder rechts stand und ob er sich genüßlich in der Mitte aalte. Mochten die Neokonservativen seine Querköpfigkeit als Herrenmut preisen und die Erzkonservativen seine Sprache als Flammenwurf der Weltliteratur. Welche Wohltat, dem Alter der Pflichtlektüren entwachsen zu sein! Ich hatte keine Lust mehr, mich mit dem Problem Jünger weiter zu befassen, meine Geschmacksnerven waren bedient, mochten ihn andere schmähen.

JOSEPH VON WESTPHALEN

Prosa wie aus einem oberbayrischen Landratsamt. Brei auf Stelzen. KARLHEINZ DESCHNER

Fühllosigkeit, die sich als Männlichkeit maskiert.

ALFRED DÖBLIN

Und nun: »die 7 Thürme!« Ich begann mit Widerwillen und endete mit Schmunzeln. Der Fall klärt sich. Sie schreiben: »gepflegt«, das ist richtig, aber man muß jetzt hinzufügen: vor Allem völlig leer. Das ist doch reines Kunstgewerbe, hohles, Kunstgewerbe von 1900 (Fidus). Opale u. Smaragde u. Silberschilde u. Korallen u. dazu ein kosmisches Geschwätz voll Banalitäten... Was soll das Ganze überhaupt bedeuten? Ein Getue mit Geheimnis u. ungeheuren Tiefblicken und Wundern und nichts dahinter. GOTTFRIED BENN

Ein geistiger Wegbereiter und eiskalter Wollüstling der Barbarei. THOMAS MANN

Zu Ernst Jünger sage ich Folgendes: Er mag ein sehr bedeutender Mann sein, aber ich bin gegen ihn. Er ist ein offener Faschist gewesen und ist ein latenter Faschist geblieben, und das merke ich aus jedem Atemzug von diesem Mann, und ich will nichts mit ihm zu tun haben. Seine Bedeutung mag so groß sein, wie sie will. Ich sage nicht deswegen, daß er nichts taugt. Er ist jemand, aber nicht für mich. WERNER KRAFT

Jünger-Tagebücher
Sieht man einmal von der penetranten Gleichsamkeits-Rhetorik ab, ist er oft ein vorzüglicher Augenblicksjäger: »Merkwürdig sind die Farben in solchen Nächten – Mondfarben, gleichsam als Ahnungen von Farben ausgeprägt.« Nur, wenn es dann an die so benannten »Conclusionen« geht, wird alles gleich wieder trivial bis banal: »So gibt es viele Dinge in der Welt, die man erst wahrnimmt, wenn man Kenntnis von ihnen hat. Und andere sind da, die man nicht sieht.« Werde nie das Gefühl los, daß J.s entomologische Streifzüge auch nur Beutezüge, heißt verkappte Kriegszüge sind. Ernst Jünger: der Kammerjäger des deutschen Kulturkonservatismus.
PETER RÜHMKORF

Heliopolis
Solche Aschenbecher aus Lapislazuli hat jedes Kunstgewerbehaus billiger. ELISABETH LANGGÄSSER

Franz Kafka

Er war halt »ein Dichter«; das heißt, er gehörte zur überwältigenden Mehrheit jener Autoren, die beim Schreiben nur ganz wenig denken; ja, mehr noch: die im *tiefsten* Grunde das *Denken hassen.* ARNO SCHMIDT

In Kafka finde ich so eine sonntägliche Aufgeregtheit des Bürgers vor dem Essen. Nein, er ist nur immer gutgelaunt, wenn er schreibt. HERBERT ACHTERNBUSCH

was wird ein aufklärer je von kafka begreifen?
OSWALD WIENER

Kafka ist bereits ein Verwalter des Elends und wir müssen es wund in uns neu entdecken.
HERBERT ACHTERNBUSCH

Georg Kaiser

Ich glaube, daß man das sagen muß: Kaiser ist heute vielleicht der erste Dramatiker in Europa, Exponent der Zeit, dramatischer Journalist, Genie der Oberfläche, Stilführer, was man will, nur eines ist er nicht, wofür man ihn hält: der Dramatiker des Geistes. Seiner figaroschnellen Kunst liegt etwas zugrunde, das ohne Fehl und Arg ist, ein Spieltrieb, ein buntes Bauen mit fertigen Geisteswürfelchen, manchmal mehr, manchmal weniger gelungen, immer in amüsanten Linien eine große Allegorie der Zeitgedanken, ähnlich wie die Sandsteinpuppen in alten Schloß-Alleen Graf Maier und Graf Müller als Ares und Herakles abgebildet haben. Je bedeutender diese Allegorien im Formalen sind, desto verheerender wirkt ihr Inhalt; er macht es so leicht, heute sich für einen Geist zu halten wie in der Sandsteinzeit für einen Helden. ROBERT MUSIL

Immanuel Kant
Idiotischer, dreckiger Kant – wenn es Gott nicht gibt, ist alles erlaubt. Schluß mit der Moral ... Nur die Nächstenliebe ist achtbar. Christus und Dostojewski, alles andere ist Quatsch. CESARE PAVESE

Hermann Kasack
Stumpfsinn, langgezogen. GOTTFRIED BENN

Gottfried Keller
Erbarmungslos überliefert er die ganze Gotteswelt seinem Keller-Ton. THEODOR FONTANE

Walter Kempowski
Ich bin der Sonnyboy der deutschen Gegenwartsliteratur. Ein hingeschissenes Fragezeichen. WALTER KEMPOWSKI

Ein Kleinmeister des bösartig Bunten. PETER RÜHMKORF

Hat er nicht slawische Vorfahren? Waltimir Kempokov?
BLOOR SCHLEPPEY

Sirius
Der neueste Tagebuch-Kempo: ein sauertöpfischer Humorist. PETER RÜHMKORF

Das Echolot
Das ist eine Form der Klebearbeit mit Pinsel und Leim. Ich schätze Kempowski durchaus, aber das Theater, das man um diese Collage gemacht hat, habe ich nie begriffen, weil ich selber collagiere. Ich schneide mir sehr viel aus Zeitungen aus, und das bringe ich auch noch fertig, wenn ich halb verblödet bin ... oder besoffen.

LOTHAR-GÜNTHER BUCHHEIM

Jack Kerouac
Der Mann kann nicht schreiben, nur tippen.

TRUMAN CAPOTE

Eduard Graf Keyserling
Hinsichtlich Keyserling möchte ich doch nicht unterlassen, sofort hinzuzufügen: *unter uns* gesprochen, so wirkt das Buch größtenteils wie der Prospekt einer Konzertagentur. Eine große Einsalberei geht hier vor mit Bejahungsöl u. allen möglichen Kosmetikas. Gehn Sie an einem Buchladen vorbei u. werfen Sie einen Blick auf das *Umschlagbild:* Wie er da hervorschaut über die Lavamasse, das ist unerreichbar! Das Menschenhaupt über dem Geröll, der ordnende Gedanke über dem ausgespieenen Mineralblock, der Funke u. die Vorstufe, der Voll- und Hochmensch, der Edelkämpfer und eine Reihe ähnlicher Kitsch- u. Dilettantenembleme schweben darüber.

GOTTFRIED BENN

Ludwig Klages
Außen Mephisto, innen Frieda Schanz. GOTTFRIED BENN

Heinrich von Kleist
Die »Hermannsschlacht« ist inhaltlich gräßlich und auch sprachlich wenig bedeutend. WERNER KRAFT

Was den Kleist besonders kurios macht, ist sein Recept zum Dialog. Er denkt sich alle Personen halb taub und dämlich, so kömmt dann durch Fragen und Repetiren der Dialog heraus. CLEMENS BRENTANO

Ich habe einiges von Heinrich v. Kleists (dessen, der sich erschoß) Erzählungen gelesen. Die Sujets sind interessant, die Erzählung ist gut, zum Teil vorzüglich. Und doch wandelt mich ein äußerst widerliches Gefühl bei der Lesung an. Es ist offenbar die Haltlosigkeit, die Selbstzerstörung des Verfassers, die, aus allem hervorleuchtend, diesen Eindruck hervorbringt. FRANZ GRILLPARZER

Der zerbrochene Krug
Ein problematisches Theaterstück, das gar mancherlei Bedenken erregte und eine höchst ungünstige Aufnahme zu erleben hatte. JOHANN WOLFGANG GOETHE

Ein fürchterliches Lustspiel, das wir am vorigen Mittwoch haben aufführen sehen und was einen unverlöschbaren unangenehmen Eindruck auf mich gemacht hat und auf uns alle ist »Der zerbrochene Krug« von Herrn v. Kleist in Dresden, Mitarbeiter des scharmanten »Phoebus«. Wirklich hätte ich nicht geglaubt, daß es möglich wäre, sowas Langweiliges und Abgeschmacktes hinzuschreiben. Die Prinzeß meint, daß die Herren v. Kleist gerechte Ansprüche auf den Lazarus-Orden hätten. Ich glaube, bei diesen Herren hat sich das Blut, was sie sich im Kriege erhalten haben, alles in Dinte verwandelt.
HENRIETTE VON KNEBEL

Friedrich Gottlieb Klopstock
Der rechte Grund, das wahre Kopfkissen, das die Leser oft zu Schlafgesellen schlafender Homere macht, ist das

Stehen und Schleichen der Handlung. Episoden verträgt und verlangt lieber der Anfang als später Mitte und Ende bei dem gewachsenen Interesse; aber gleichwohl ist, wie schon gedacht, der ganze eilfte Gesang der Messiade eine beschreibende Episode. Dieses farniente des Lesers nimmt im Messias immer mehr gegen das Ende durch die Schwanengesänge der Engel zu, welche den Leser zu einem wohlgebildeten Endymion umzaubern und einsingen. JEAN PAUL

Es gibt eine Art von leerem Geschwätz, dem man durch Neuigkeit des Ausdrucks, unerwartete Metaphern das Ansehen von Fülle gibt. Klopstock und Lavater sind Meister darin. Im Scherz geht es an. Im Ernst ist es unverzeihlich.
GEORG CHRISTOPH LICHTENBERG

Was sagen Sie zu Klopstocks geistlichen Liedern? Wenn Sie schlecht davon urteilen, so werde ich an Ihrem Christentume zweifeln; und urtheilen Sie gut davon, an Ihrem Geschmacke. Was wollen Sie lieber?
GOTTHOLD EPHRAIM LESSING

Mit größerer Majestät ist wohl noch nie ein Verstand stillgestanden. GEORG CHRISTOPH LICHTENBERG

Klopstock hebt an: »Du, der Du niedriger bist, als ich, – und dennoch mir gleich – befreie mich von der Last des staubauffangenden Kalbfells!« – Während ich einfach sage: »Johann, zieh mir die Stiefel aus.«
GEORG CHRISTOPH LICHTENBERG

Niemand hat die Kürze des Stolzes oder seine höchste Sprache so sehr in der Gewalt gehabt als Klopstock; jeder Vokal brüstet sich. JEAN PAUL

(...) Klopstock erinnert immer an sich, auch in der kleinsten Zitation anderer Autoren. JEAN PAUL

Der Messias

Klopstocks »Messias« ist ein Rosenkranz von calvinisch-antiken Kirchenliedern, ein Compendium der Affectation, mehr die Affectation des Unbedingten als dieses selbst. FRIEDRICH SCHLEGEL

S. H. Herrn
F. G. Klopstock, Superintendent
Schul-Pforta bei Naumburg/Saale.
Sehr geehrter Herr!
Anbei den Messias zurück.
Ihr ARNO SCHMIDT

Als der »Messias« raus ist, kann Klopstock sich Ernsthafterem zuwenden. ARNO SCHMIDT

Er las uns heute aus dem »Messias« etwas vor; er liest sehr schlecht, und dann machte mir auch der unaufhörliche Kram von Engeln und bösen Geistern, die unverständlichen Verse, und daß das Gedicht nicht spaßhaft war, so viel Langeweile, daß mir die Kinnbacken vom verbissnen Gähnen wehtaten; meine Augen gingen endlich davon über – er hielt's für Rührung! LUDWIG TIECK

Ich lese die »Tausendundeine Nacht« und den »Robinson Crusoe«, den »Gil Blas«, den »Findling« tausendmal lieber als die Messiade, ich wollte zwei Messiaden für einen kleinen Teil des »Robinson Crusoe« hingeben. Unsere meisten Dichter haben, ich will nicht sagen, nicht Genie genug, sondern nicht Verstand genug, einen Robinson Crusoe zu schreiben. GEORG CHRISTOPH LICHTENBERG

Nicht nur der Plan des »Messias« ist ein wahres Scheusal; sondern auch die Ausführung des Einzelnen.

JOHANN HEINRICH VOSS

Klopstocks Liebe mit Heiligkeit vermischt, in »Semida und Lidli«, schien vor wenigen Jahren noch das Höchste dieser Art; jetzt wabbelt es einem bei dem halb schäferlichen, halb mönchischen Geseufz.

JOHANN HEINRICH VOSS

Klopstocks Werke scheinen größten Teils Übersetzungen und Bearbeitungen eines unbekannten Dichters durch einen sehr talentvollen, aber unpoetischen Philologen zu sein.

NOVALIS

Klopstock ist ein Meister darin, eine Art von leerem Geschwätz zu machen, dem man durch Neuigkeit des Ausdrucks und unerwartete Metaphern das Ansehen von Fülle gibt.

GEORG CHRISTOPH LICHTENBERG

Um die alten, abgeschmacktesten locos communes (Gemeinplätze) der Menschheit durchzupeitschen, hat Klopstock Himmel und Hölle, Sonne, Mond und Sterne, Zeit und Ewigkeit, Gott und Teufel aufgeboten.

JOHANN WOLFGANG GOETHE

Sein Messias wird immer als Nationalgedicht auf den Bücherbrettern stehen, aber, gewisse Stellen ausgenommen, nie gelesen werden. Das Unglück ist, daß Klopstock seine Helden zu göttlich machte. Der Mensch aber bewundert Sublimität nur in seines Gleichen. Ein Gott kann nie der Gegenstand einer Epopoë sein.

CHRISTOPH MARTIN WIELAND

Die Gelehrtenrepublik
Klopstock zeigt hier seine ganze Blösse.

GEORG CHRISTOPH LICHTENBERG

Wolfgang Koeppen
Ich lese immer mehrere Bücher gleichzeitig, sie liegen aufgeschlagen übereinander. Im Augenblick halte ich es noch mit Koeppen. Seine Romane sind allerdings unerträglich.

WALTER KEMPOWSKI

Erwin Guido Kolbenheyer
War gestern in Kolbenheyers: »Jagt ihn – ein Mensch«. Sozialproblematik von 1890. Erfinderschicksal, einer gegen alle. Handlung ist, wenn in einem Laboratorium in einem Kolben eine grüne Flüssigkeit durch Zusatz in eine gelbe verwandelt wird. Saublöd. (Was für gute, solide Stücke waren doch die Ibsenschen.) Ein posthumer Angriff gegen den Kapitalismus, der sich doch als eine der größten Errungenschaften humanitärer Art nächst der Guillotine herausstellt, der der europäischen Menschengemeinschaft gelungen ist. Jetzt macht Herr Kolbenheyer eine Propagandatournée durch England, las ich. Nur einen Millimeter der Stirn möchte ich besitzen, die diese Burschen alle haben. Es ist ihr Hauptorgan. Darunter sitzt nichts.

GOTTFRIED BENN

Gotthard Ludwig Theobul Kosegarten
Äußerst fratzenhaft erscheint der arme Kosegarten, der, nachdem er nun zeitlebens gesungen und gezwitschert hat, wie ihm von der lieben Natur die Kehle gebildet und der Schnabel gewachsen war, seine Individualität durch die Folterschrauben der neuen philosophischen Forderungen selbst auszurecken bemüht ist und seine

Bettlerjacke auf der Erde nachschleift, um zu versichern, daß er doch auch ohngefähr so einen Königsmantel in der Garderobe führe. JOHANN WOLFGANG GOETHE

August von Kotzebue

Kotzebue ist ein welker poröser Zunderschwamm.

JEAN PAUL

Ankündigung.

Auf dem nicht vorhandenen National-Theater der nicht vorhandenen Hauptstadt der nicht vorhandenen deutschen Nation wird bei der Eröffnung aufgeführt:

Kotzebue in England
oder
die Auferweckung der schlummernden
Plattheit, eine weinerliche Posse
in fünf Aufzügen.

FRIEDRICH SCHLEGEL

Kotzebue wußte nicht recht, was er wollte, außer gegen Goethe und Schlegel schelten, sich loben und viel Geld einnehmen. GARLIEB MERKEL

Mancher Schriftsteller, sobald er ein bißchen Beifall erhält, glaubt, alles von ihm interessiere die Welt. Der Schauspielschmierer Kotzebue hält sich sogar berechtigt, dem Publico zu sagen, daß er seiner sterbenden Frau ein Klistier gesetzt habe.

GEORG CHRISTOPH LICHTENBERG

Karl Kraus

Die deutsche Literatur ist nach Karl Kraus denn auch mit Mann und Mehring untergegangen. BERTOLT BRECHT

Er zerpflückt die Journalisten wunderbar; nur ein gerissener Wilddieb kann so ein strenger Waldhüter sein.

FRANZ KAFKA

Auf dem Podium tobte Rumpelstilzchen. Man glaubte, es zerreiße ihn, daß vielleicht noch einer nicht wußte, wer Karl Kraus war. WOLFGANG KOEPPEN

Was soll ich von ihm halten? Ein Revolverjournalist.

RUDOLF BORCHARDT

Er ist ein ausgezeichneter Latrinenreiniger.

FRIEDRICH GUNDOLF

Kraus ist am Wege geradezu ein Komplex zu werden. Die Schlamperei des Stils u. das wenig Moralische des Berufs stellt der Journalist sozusagen objektiviert aus sich hinaus. Kraus ist die Erlöserfigur; dadurch daß Kraus da ist u. schimpft, ist alles wieder gut. Das objektivierte schlechte Gewissen. Natürlich ist diese Wirkung nicht günstig. Kraus' Kriegsgegnerschaft ist moralisch ebenso steril wie die Kriegsbegeisterung. ROBERT MUSIL

Komplett meschugge. KURT TUCHOLSKY

Wenn man ihn ohrfeigt, ist er beleidigt. Ohrfeigt man ihn nicht, faßt er's als Bestechungsversuch auf.

ARTHUR SCHNITZLER

Karl Kraus: zur Häfte recht behalten, aber zu 50 % leere Rechthaberei. PETER RÜHMKORF

Alfred Kubin
Er feixt grundlos. Während des Gesprächs, ohne daß er es unterbrochen hätte, hob er seinen Fuß aufs Knie, nahm vom Tisch eine große Papierschere und schnitt rundherum die Fransen seiner Hose ab. Schäbig angezogen mit irgendeinem wertvollen Detail, z. B. Krawatte.

FRANZ KAFKA

Milan Kundera
»Die unerträgliche Leichtigkeit des Seins«: Wie und warum ein kaum mediokres, sondern vielmehr herzlich windiges und hingeschlamptes Buch wie dieses nicht allein ein belletristisch ambitionswilliges Publikum, sondern auch unsere kritischen Kontrollinstanzen faszinieren kann, nur weil das schlecht geschriebene und/oder übersetzte Zeugs rund um allerlei aufgesetzte Liebe auch noch die Prager Okkupation von 1968 sowie das Reizwort KZ einführt; das ist schon alles sehr sehr schwer zu verstehen, unlogisch und doll.

ECKHARD HENSCHEID

Günter Kunert
Ein Dichter, der August Stramm und Oswald von Wolkenstein nicht kennt, wird immer so schlecht wie Günter Kunert oder Rainer Kunze schreiben; der bleibt dann ewig ein provinzieller Seelenschwitzer, ein B-Dichter und Uwe-Johnson-Nachfolger.

GERHARD RÜHM

Reiner Kunze
Siehe unter: Günter Kunert

Alphonse de Lamartine

Von Lamartine wird nicht so viel bestehenbleiben, um damit einen halben Band ausgewählter Gedichte zu füllen. Er ist ein Eunuchengeist, ihm fehlt es an den Hoden, er hat immer nur klares Wasser gepißt.

GUSTAVE FLAUBERT

»Jocely« von Lamartine. Das ist denn doch zu viel des Unsinns. Das ist denn die bare Prosa, die ich schon früh bei seinen ersten gesteigerten Bestrebungen am Boden des Gefäßes erblickt hatte. Prosa der Zettel, und als poetischer Einschlag die Verkehrtheit. FRANZ GRILLPARZER

Lamartines Religiosität ist eine Art geistiger Bankrott, eine Insolvenzerklärung der menschlichen Natur. Das ist nicht poetisch sondern widrig. FRANZ GRILLPARZER

La Mettrie

Sein Getöse amüsiert eine Viertelstunde und ermüdet auf die Länge tödlich. Ohne daß es ihm bewußt geworden wäre, hat er eben ein schlechtes Buch geschrieben, worin er Tugend und Gewissen verunglimpft und das Laster lobt. In seinem Werk gibt es tausend Feuerspuren, aber keine halbe Seite Vernunft, es ist wie ein Blitzgewitter in der Nacht. Daß mich Gott davor bewahre, ihn zu meinem Leibarzt zu nehmen! Mit größter Unschuld gäbe er mir ein teufliches Ätzmittel anstatt Rhabarbersaft, und dann würde er laut loslachen. VOLTAIRE

La Mettrie, ein schamloser Liederjahn und schmeichelzüngiger Bouffon, war zum Leben an den Höfen als Günstling der Mächtigen wie geschaffen. Er ist gestorben, wie er sterben mußte, als Opfer seiner Maßlosigkeit und seines Irrsinns; er hat sich selber umgebracht, weil er in seinem eigenen Beruf nicht bewandert war. Ein gestrenges Urteil, gewiß, aber ein gerechtes; denn es wäre schwierig, bei diesem Apologeten des Lasters und Verleumder der Tugend maßvoll zu bleiben.

DENIS DIDEROT

Sophie von La Roche

Diese Frau war mir durch die parfümierte Moralität und die empfindelnde Gelehrsamkeit ihrer Bildungsschriften für junge Frauenzimmer schon in Livland unausstehlich gewesen.

GARLIEB MERKEL

Else Lasker-Schüler

Ich kann ihre Gedichte nicht leiden, ich fühle bei ihnen nichts als Langeweile über ihre Leere und Widerwillen wegen des künstlichen Aufwandes. Auch ihre Prosa ist mir lästig aus den gleichen Gründen, es arbeitet darin das wahllos zuckende Gehirn einer überspannenden Großstädterin ... Ja, es geht ihr schlecht, ihr zweiter Mann hat sie verlassen, soviel ich weiß, auch bei uns sammelt man für sie; ich habe 5 K. hergeben müssen, ohne das geringste Mitgefühl für sie zu haben; ich weiß den eigentlichen Grund nicht, aber ich stelle mir sie immer nur als eine Säuferin vor, die sich in der Nacht durch die Kaffeehäuser schleppt.

FRANZ KAFKA

Johann Caspar Lavater
Was soll man mit einem Narren anfangen, der so viel Genie und, wie es scheint, ein so gutes Herz hat, wie dieser Seraphs-Reiter? Mich stören an Lavaters Schelmenstreichen vor allem dessen Ton, das ewige Sitzen auf dem heiligen Dreifuß, seine Miene von Unfehlbarkeit und sein verdammtes Schimpfen und Verpfuien unsers Jahrhunderts. CHRISTOPH MARTIN WIELAND

Er hat eine Seite herunter geLavatert.
GEORG CHRISTOPH LICHTENBERG

D. H. Lawrence
Der Mann schreibt wirklich sehr schlecht. Frag' lieber nach etwas von seinem Freund Aldous Huxley, der sich wenigstens anständig kleidet. JAMES JOYCE

Lawrence war ein Dummkopf, und sein Werk unbedeutend. ROBERT GRAVES

Lawrence – my God – every page I think ›Jesus, what a fag. Jesus, what a faggot this guy sounds.‹ GORE VIDAL

Women in Love
Es gibt weder Spannung noch Geheimnis: Wasser ist immer Samen. Das langweilt mich etwas; die Rätsel sind einfach zu lösen. Nur eines beschäftigt mich wirklich: Was bedeutet es, wenn eine Frau vor einer Rinderherde in den Highlands Eurythmie treibt? VIRGINIA WOOLF

Paul Léautaud
Ich empfinde einen gewissen Ekel ihn zu nennen: Herrn Léautaud. Ich kenne ihn nicht persönlich, ich weiß nichts

über ihn. Aber ich habe ein Buch von ihm gelesen, das »Amours« heißt, und wenn Sie nicht finden, daß es das abscheulichste und blödsinnigste Machwerk ist, das es gibt, so ist einer von uns beiden verrückt geworden.

MARCEL PROUST

Aber »Amours« von Herrn Léautaud! Ich spreche überhaupt nicht von der moralischen Erbärmlichkeit des Buches, weil ich nicht darüber sprechen könnte. Ich kenne keine Worte, die den Schmerz auszudrücken vermöchten, den ich empfand, als ich ein menschliches Wesen Gefühle heucheln sah, neben denen die Gefühle des grausamsten Mörders ehrenwert genannt werden müssen.

MARCEL PROUST

Ein sexbesessenes Ekel, das nur sich selbst und herrenlose Hunde liebte.

KASIMIERZ BRANDYS

Wilhelm Lehmann

Wenn ich ein Gedicht von Wilhelm Lehmann lese, denke ich immer, dagegen ist eine Schnecke ein Wirbeltier.

GOTTFRIED BENN

Siegfried Lenz

Zieht man einen Querschnitt durch die Literatur der ›Gruppe 47‹, dann kommt die Prosa von Siegfried Lenz dabei heraus.

HELMUT HEISSENBÜTTEL

Alexander von Lernet-Holenia

In einer Konditorei lernte ich ihn durch Csokor kennen: sehr groß, sehr höflich, schlaksig, spielt er ein wenig den Grafen Bobby, stellt sich dumm, meckert hier und da, bringt bei P.E.N.-Club-Sitzungen die Sessel herbei, reißt Papierblätter für eine Wahl zurecht, – und hat ein Verhältnis mit der Sekretärin. Seine Weltanschauung aus diversen Aufsätzen und Entgegnungen: Die Welt geht unter und man muß das so nobel wie möglich machen, wie die Aristokraten unter der Guillotine in Frankreich. Manchmal ist er sehr witzig und versteht, trotz Tragik und Adel, das Geschäft des Hochstaplers und Spielers – schreibt im Sinne der USA für Zeitungen in München, einen Film über Kommunisten, die gar nicht so arg sind, stößt nirgends an und wird überall gedruckt, gelesen, aufgeführt und läßt sich vom tragischen Untergang des Abendlandes schmecken, was es noch gibt. HERMANN HAKEL

Gotthold Ephraim Lessing

Lessing hätte längst viel vollendeter schreiben können, doch er hat zu viele Streifzüge in die Literatur getan und zu viel Zeit in Scharmützeln mit elenden Geistern verloren. FRIEDRICH MAXIMILIAN KLINGER

Laokoon

Wenn man Lessing verachten lernen will, muß man den Laokoon vornehmen. ARNO SCHMIDT

Sinclair Lewis

Ich habe gerade einen Freund, der eine Lady aus mir zu machen versucht, und der erste Schritt auf diesem beschwerlichen Weg ist, daß ich meinen Vorsatz einhalte, gewisse Worte nicht mehr zu benutzen ... So kann ich Ihnen also nicht mehr mitteilen, daß ich »The Man Who Knew Coolidge«, ob das nun ein Porträt, Unterhaltung oder ein Beitrag zur amerikanischen Literatur sein soll, scheußlich finde. Das könnte ich sagen, wenn ich das Wort »scheußlich« benutzen dürfte. Die Frage der Ehre steht auf dem Spiel. Ich gab das feierliche Versprechen, nie mehr »scheußlich« zu sagen. »Scheußlich« ist kein schönes Wort für eine Lady. Es klingt beschissen.

DOROTHY PARKER

Wyndham Lewis

Lewis sah man das Böse nicht an, er sah einfach widerlich aus, ich glaube nicht, daß ich je einen Menschen gesehen habe, der widerlicher aussah ... Seine Augen unter dem schwarzen Hut waren die eines erfolglosen Lustmörders.

ERNEST HEMINGWAY

And when I feel cross, which is often, I tease Wyndham Lewis. Osbert and I tease him without stopping. You will remember what he looks like – his dirt, his black patch over the eye, his cloak, and his hat. Well, who does the enclosed remind you of? Osbert found a photograph of these two 1890 actors at Renishaw, and promptly had it converted into postcards. (Even the way of sitting and the look of mystery is like Lewis.) *Every day* that man gets one of these postcards either from London, or from the country in England, or from Paris. – Once I pricked my big toe and planted the mark on the p.c. and wrote ›Rache‹ on it. We also send him raving mad telegrams. I got one sent to him from Calais to his address in Percy Street, which ran thus – (the German is a reference to his book on Hitler): Percy Wyndham Lewis, 21 Percy Street, etc. Achtung. Nicht hinauslehnen. Uniformed commissar man due. Stop. Better wireless help. Last night too late. Love. Ein Freund. Signed. Lewis Wyndham, 21 Percy Street.

EDITH SITWELL

Lewis heult bloß noch vor Wut. Er hat bei den alten Damen von »Time and Tide« Zuflucht gesucht, und aus dem Schutz ihrer Röcke, umdünstet von Lavendel und alter Spitze, schreit er mir seinen Trotz entgegen. Was ihn besonders erbost hat, ist meine Bemerkung, daß er ›geschaffen wurde, um geliebt zu werden‹ – dies bei seiner Sentimentalität, und bei seinem Alter! (Er ist abstoßend sentimental. Das ist das Problem.) EDITH SITWELL

Mechthilde Lichnowsky
Ach, das arme Hascherl! RUDOLF BORCHARDT

Das rote Haus
Ein Buch, das ich als Musterbeispiel pervertierter Literatur (in der eine Idee auf dem Kopf steht!!) empfehle.
GERSHOM SCHOLEM

Georg Christoph Lichtenberg
Wir müssen uns diesem neuen Antichrist widersetzen, damit er die Gläubigen nicht irre mache. Das Kerlchen wütet wie ein Kobold, durch den Beifall seiner steifen, spaßhaften Amtsbrüder und der Burschen ermuntert.
JOHANN HEINRICH VOSS

Alles was er von Moralität, Tugend, Freundschaft u. s. w. sagt, ist locus communis, Gleißnerey, und Sie können mir auf mein Wort glauben, er liebt niemand wie sich. – Seine Briefe an alle Menschen, die er fangen will, sind so warm wie Winckelmann seine, und ebenso unwahr und studiert. JOHANN HEINRICH MERCK

Detlev von Liliencron
Liliencrons »Poggfred« fiel mir vor einigen Tagen zufällig in die Hand. Ich war entsetzt. Das ist ja die vollständigste Pleite! So hoch ich den guten und lieben Detlev auch halte, aber zu einer sogenannten *Komposition* hat und wird er es nie bringen können. Er ist und bleibt der geborene Mosaikarbeiter. Zu anderm, darüber muß man sich klar sein, langt's nicht. Mit andern Worten: si tacuisset, philosophus mansisset! ARNO HOLZ

Jack London
Jack London war besonders populär in Rußland, und Lenins Witwe berichtet, daß Lenin sie gebeten hätte, ihm Geschichten von London vorzulesen, als er im Sterben lag. Sie las also eine, in der ein hungriger Wolf einen hungrigen Mann auffrißt, was Lenin sehr gefiel; aber sie gibt an, daß ihr Mann von der bourgeoisen Richtung der folgenden Geschichte sehr enttäuscht war, in der ein Kapitän sein Leben opfert, um sein Wort zu halten. In der Tat scheint dieses geschmacklose Thema Lenin schließlich hinweggerafft zu haben. ANTHONY POWELL

Gabriel Garcia Lorca und Pablo Neruda
Die Franzosen, die nicht aufhören, von Lorca und Neruda zu schwärmen, zweitrangigen Schriftstellern, wenn überhaupt, deren Leben durch die Umstände ihres Todes eine unangemessene Größe erhalten hat und von deren Werk nur ein winziger Teil überleben wird, »Poeta in Nueva York« im ersten Fall, »Veinte poemas de amor y una cancion desperada« im zweiten. JORGE SEMPRUN

Martin Luther

Luther ist im übrigen durch sein unglückliches Geschöpf: das mit jeder Strophe, kompositionslos und amorph, wieder von frischem einsetzende, die Erbauung der Gemeinde, also einen starren Zustand anstrebende Chorlied: viel eher der Totengräber der kirchlichen Poesie in Deutschland geworden als ihr Begründer; ja nur sektiererische Befangenheit kann übersehen, um wieviel die namenlose geistige Lyrik des alten Glaubens die gereimte Pastorengeschwätzigkeit des neuen dichterisch schlägt.

RUDOLF BORCHARDT

Heinrich Mann

Alles in Allem weiß man meistens überhaupt nicht mehr, was er eigentlich meint und will, so herum redet u. faselt er über Alles in einem Stil, so manieriert, daß einem übel wird. GOTTFRIED BENN

Ich halte es für unmoralisch, aus Furcht vor den Leiden des Müßigganges ein schlechtes Buch nach dem andern zu schreiben. »Künstlerische Unterhaltungslektüre« – Alles gut. Wenn es nur zuletzt nicht doch eine contradictio in adjecto wäre! Das alles ist das amüsanteste und leichtfertigste Zeug, das seit langem in Deutschland geschrieben wurde ... Eine gottverlassene Art von Impressionismus. THOMAS MANN

Klaus Mann

Herr Bruckner scheint aber schnell fertig mit dem Wort zu sein. Wenn morgen der Mond auf die Erde fällt, dichtet er sicherlich übermorgen ein Monddrama. Fix, der Herr. Und entsprechend: Nicht nur die Herren Thomas Mann und Döblin haben sich so benommen. Viel blödsinniger noch als Kläuschen. Anstelle hier nun mal das prinzipielle Wort zu sprechen oder sprechen zu lassen, veröffentlicht er auf der ersten Seite was? Einen Brief, den ihm Rolland geschrieben hat, über die Sache – im Stile dieses älteren Fräuleins, der er ist. Und dann Zusatz Kläuschens: »Im Interesse der beteiligten Schriftsteller wollen wir uns nicht weiter über diese ...« Ich will Dir mal was sagen: es sind Schlöcher, alle miteinander, diese Kerle – man hat sie zum Teil sinnlos überschätzt, und man sollte sich diese Seite Hamsuns in den Kopf hämmern, wers noch nicht getan hat: daß die Schriftsteller keineswegs berufen sind, der Welt den Takt anzugeben en tant que Schriftsteller. KURT TUCHOLSKY

Klaus Mann würde sich in der hiesigen Kulturszene gut machen, eine Mischung aus Raddatz und Michael Krüger.
WALTER KEMPOWSKI

Klaus Mann – ein Schriftsteller, der seinen Roman »Symphonie pathétique« nennt, *muß* ein Blindgänger sein!
WALTER KEMPOWSKI

Mephisto
Geistig sehr schwach, sachlich abgestanden, kritisch unergiebig. »Roman einer großen Karrière u. eines grossen Verrats«. Nun, G.G. (Gustaf Gründgens) ist ein guter Intendant u. interessanter Schauspieler, aber eine dämonische Figur ist er wohl für keinen von uns. Ob er verrät u. wen er verrät, ist ziemlich schnuppe. Kl. M. (Klaus Mann) macht ein europäisches Ding daraus, aber es interessiert eigentlich niemanden ... Nein, die Emigranten sehn die Lage falsch, beziehn sie noch viel zu sehr u. viel mehr als wir selbst auf ihr eigenes Ich, kommen zu keinem Resultat, sehn die Schnittflächen der Welten, das Kampffeld garnicht. GOTTFRIED BENN

Klaus und Heinrich Mann

Ob Du schon weißt, in welchem Zeichen sich die literarische Emigration im Rahmen einer Amsterdamer Zeitschrift zu sammeln beginnt? Nun, genau in dem Zeichen, das ihr gebührt – nämlich unter der Chefredaktion von Klaus Mann. Sein Onkel eröffnet das Regime, dessen Hilflosigkeit schon provokatorisch wirkt. Auch den Tag sehe ich kommen, an welchem ich mich darum bewerben werde, in dieser Umgebung gedruckt zu werden.

WALTER BENJAMIN

Das ist ein schlechtes Buch, ein konstruiertes Buch, und ich habe das Klaus Mann auch gesagt. IRMGARD KEUN

Thomas Mann

Ich akzeptiere keinerlei Glorifizierung von Thomas Mann, er ist das Musterbeispiel großbürgerlicher Degeneration.

ALFRED DÖBLIN

Zitiert pathetisch: »Edel sei der Mensch, hilfreich und gut.« Meinte aber: »Gutangezogen sei der Mensch, manierlich und höflich.« Eine einzige Verherrlichung des success. LUDWIG MARCUSE

Es liegt in unserer Natur, daß Sie vornehm, ich unvornehm kämpfe. Sie werden mich doch nicht umbringen wollen! Aber ich Sie. BERTOLT BRECHT (AN THOMAS MANN)

Er soll nach Zeitungsnotizen vor einigen Tagen an einer Venenentzündung in einem Örtchen bei Zürich, in Kilchberg, gestorben sein, alt etwas über 80 Jahre! ich könnte achselzuckend darüber hinweggehen, da ich schon vorher für seine schriftstellerische Existenz nur ein Kopfschütteln und Achselzucken, manchmal auch ein wirkliches Staunen gehabt habe ... Wir, d.h. eine Schar lebendiger und wirklich als Person existierender Schreiber hatten nicht nötig und fühlten uns nicht veranlaßt, mit diesem Geschöpf abzurechnen. Es gab diesen Thomas Mann, welcher die Bügelfalte zum Kunstprinzip erhob ... und mehr brauchte man von ihm nicht zu wissen.

ALFRED DÖBLIN

Nie war er großen Mächten unterworfen, er spielte an ihnen herum u. sie gaben ihm ja auch nur ein kleines Schicksal. Kolossal ohne Rang, sympathisch u. etwas stehengelassen ... er glaubt, daß er überall hinpaßt u. Figur macht, er sieht sich wuchtig u. er ist nur bildend.

GOTTFRIED BENN

19.10.44
eisler las dieser tage GIDES ›paludes‹ und MANNS ›tonio kröger‹ und spricht darüber, wie schlecht das letztere abschneidet (er hat auch versucht, den ›joseph‹ zu lesen, die enzyklopädie des bildungsspießers). im grund haben wir eben keine literatur. die bourgeoisie bereitete ihre revolution literarisch vor und verkaufte sie dann, was später an stil auftaucht, ist preziös. BERTOLT BRECHT

Gegen Th. Mann ließe sich einwenden, daß er an einen Knaben erinnert, der onaniert hat u. später Familienvater wird. Die Kenntnis der Unmoral u. ihre Bewältigung durch den normalen Menschen, diese ungefährlich gewordene u. doch mit einem Augenwink erinnerte Unmoral bei Th. Mann kann (beinahe) nur darauf zurückgehen. Und was tut sein Sorgenkind Castorp in all der Zeit am Zauberberg? Offenbar hat er masturbiert! Aber M. nimmt seinen Figuren die Geschlechtsteile wie Gipsstatuen.

ROBERT MUSIL

Natürlich versucht Thomas Mann immer, wenn er solche Sammeltassen-Monstren erzeugt, uns ein Gruseln abzupressen. Die Erzähler Zeitbloom und Riemer können gar nicht ungenial genug glotzen, wenn Meister Mann sie von seinen nihilen Superplastiken mummeln läßt.

MARTIN WALSER

Thomas Mann hat neulich die »Not des Krieges« gepriesen, denn sie sei es, »die uns so hoch erhebt.« Wie hoch? Gerade so hoch, daß der Ritter Thomas Mann, im Damensattel reitend zwischen Tod und Teufel, seine unsäglich kokette Gebärde hinüberwerfen konnte wie einen Handschuh in die dampfenden Reihen der Soldaten.

RENÉ SCHICKELE

Ich habe mich neulich in den »Weißen Blättern« gegen jede Kriegsverherrlichung gewandt, ebenso heftig gegen Barrès und France wie gegen Thomas Mann, dieses Erzschwein, und den nun ganz verblödeten Hauptmann, und gegen Dehmel.

RENÉ SCHICKELE

Ich wußte ja, daß er ungebildet ist, ich wußte ja, daß er dumm ist, aber ich wußte nicht, daß er so albern sein kann.

HUGO VON HOFMANNSTHAL

Wie die Dinge liegen, mußte der Tag (Grillparzers fünfzigster Todestag) jedoch durch zahlreiche und durchwegs belehrende Journalartikel gefeiert werden. Eine Huldigung Thomas Manns, der gerade in Wien zu einer Vorlesung anwesend war, ist davon auszunehmen, denn sie beschäftigte sich eigentlich weniger mit Grillparzer als mit dem Zustande Thomas Manns, der zwischen Aufstehn im Hotel und Abgang des Zugs, wie er sagte, nicht in der Lage war, seine Gedanken so zu ordnen, wie er es gewohnt sei, und in der Tat eigentlich nur einige ausgekämmte Haare seiner schönen Prosa auf dem Grab Grillparzers niederlegte.

ROBERT MUSIL

Die Bürgerlichkeit von Schiller und Goethe zu vergleichen, wäre eine riesig reizvolle Aufgabe für ... Thomas Mann. GOTTFRIED BENN

Mein Bedarf nach Verkehr mit Kollegen war eigentlich nie sehr groß. Ich habe zum Beispiel, ohne Thomas Mann zu vermissen, sechzig Jahre in der Welt gelebt.

GERHART HAUPTMANN

Aber eines weiß ich: mir würde nichts fehlen, wenn Thomas Mann nicht geschrieben hätte. In seinem Werk gibt es keine Gestalt wie Don Quichote, wie Gulliver, wie Robinson, wie Werther und Hyperion und wie alle jene Helden heißen, die, von Dichtern geboren, nicht nur in Büchern leben, sondern wie wir alle in die Welt getreten sind. Dieses Wunder ist ihm nie gelungen. Die überaus gescheiten und gut geschriebenen Romane, Erzählungen und Essays sind Leistungen eines gewaltigen Fleißes, einer erstaunlichen Technik – aber das Leben, das auch in »Kunstgestalten« sein muß, die originale Zeugung, das Wunder jeder ursprünglichen Geburt, fehlt seinen Figuren. HERMANN HAKEL

Ich habe den Verdacht, daß Thomas Mann der Spielhagen meiner Zeit war. ERWIN CHARGAFF

Buddenbrooks
Nein, das ist für mich nichts. Das ist noch Musik und Verfall. STEFAN GEORGE

Der Tod in Venedig
Eine Eselei. VLADIMIR NABOKOV

Der Zauberberg
Der Zauberberg fesselt mich durch souveräne Mache.

WALTER BENJAMIN

Ich finde das Buch in einer Technik geschrieben, die ganz natürlicherweise wie ein Brechmittel auf uns wirkt.

HEIMITO VON DODERER

Dieses Buch stellt etwas dar, was es nur heute gibt: Ersatzkunst, an die Meisterschaft gewendet ist. Das müßte eine souveräne Kritik (die es nicht gibt) einmal zeigen. Das Eigentliche der Kunst beginnt erst, wo Wesen und Wirkung eines solchen Buches aufhören.

WERNER KRAFT

Die vertauschten Köpfe
Tatsächlich ist Thomas Mann gleich Goethen nicht an unglücklicher Liebe gestorben, sondern sitzt als wohlbestallter Nobelpreiskegler frohgemut in Amerika und schneidet lustig Pfeifen im Rohr und erzählt hartgesotten als leichtfertiger Exschopenhauerianer französisch amüsante Greuelgeschichten voll ulkigen Schabernacks aus dem götterreichen Indien der Brahmanen.

ALBERT EHRENSTEIN

siehe auch unter: Der Rest der Welt

Thomas und Heinrich Mann
Die Mann-Brüder, ein bestimmt schätzenswertes Gespann, aber mit Erotik hatten beide nichts am Hut. Zumal Thomas muß seine Betulichkeiten bei einem Nierentee gebastelt haben.

INGOMAR VON KIESERITZKY

Katherine Mansfield

I am not running the paper for Binyon any more than for K. Mansfield. Of course I don't mind printing a story by K. Mansfield, though I prefer Binyon and have no use for either. I will however suggest to Lady R. that she should secure a story from K. Mansfield. I myself should much prefer to have something from Murry; he is at least in every way preferable to his wife. The latter is not by any means the most intelligent woman Lady R. has ever met. She is simply one of the most persistent and thickskinned toadies and one of the vulgarest women Lady R. has ever met and is also a sentimental crank. T. S. ELIOT

Bliss

I read »Bliss«; and it was so brilliant, – so hard, and so shallow, and so sentimental that I had to rush to the book-case for something to drink. Shakespeare, Conrad, even Virginia Woolf. But she takes in all the reviewers, and I daresay I'm wrong (don't be taken in by *that* display of modesty.) VIRGINIA WOOLF

F. T. Marinetti

Um zwei Besuch eines gewissen Marinetti, Leiter einer Revue für künstlerischen Schund namens *Poesia.* Er ist ein Dummkopf, sehr reich und sehr eingebildet, der sich nie hat zum Schweigen bringen können. ANDRÉ GIDE

Gabriel García Márquez

Es ist ein Jammer, daß viele Bücher gegen Ende abfallen. Bei »Hundert Jahre Einsamkeit« zum Beispiel: 80 Jahre hätten es auch getan. JORGE LUIS BORGES

Ein so verführerisches und anziehendes Romanwerk, doch hat andererseits dessen plötzlicher, verheerender Erfolg unter der zugkräftigen, aber zweifelhaften Formel vom ›magischen Realismus‹ eine große Schar von Epigonen hervorgebracht, die als Enkel oder Abkömmlinge von Faulkners »Wilde Palmen« die rauschhafte Welt von Yoknapatawpha – durch die bunte Laterne von Macondo mit ihren Levitationen, Hexen, weisen Großmüttern, Wunderkindern, Blutregen und ihren in einem Kapokwald gestrandeten Galeonen gesehen – nicht nur in tropische oder antillesische Gegenden einzuführen versucht haben, sondern auch in so rauhe, sich dieser Art von Wundern widersetzende Gebiete wie die kantabrische, aragonesische oder galicische Provinz.

JUAN GOYTISOLO

William Somerset Maugham
The Razor's Edge
Ein mühselig zusammengeleimtes Gelumpe aus Boulevard-Anekdoten, schwitzend mitgeschriebenen Lebensläufen von Halb- oder Ganznutten, und bewundernden Bemerkungen über greisende Affen. Zuweilen ist es Zeit, ein verkrampftes ›freies‹ Schweinereichen zu wagen; die Nichtigkeiten der vornehmen Welt werden mit jener demütigen Breite behandelt, an der man sogleich auf 100 Yards den Engländer in der Literatur erkennt; Indien und Mystik wird auch stets gern gehört: das gibt Tiefe: man denkt immer, der weiß noch mehr! – Der mildeste Vergleich ist noch ein Aquarium: ein paar billige Fischlein, Schnecken, höchstens mal 'ne Libellenlarve, und den leicht schleimigen Boden erreichst du überall mit der Hand, ohne dir die Manschettenknöpfe naß zu machen.

ARNO SCHMIDT

Guy de Maupassant
Man schrieb kürzlich von Maupassant, daß er sich in letzter Zeit auf die Psychologie verlegt habe; Eduard Rood hat das geschrieben. Denken Sie, so etwas zu sagen, daß ein Dichter sich auf die Psychologie »verlegt«. Und wenn man Maupassant liest, hat man auch den Eindruck eines Mannes, der eine Weile herumging und überlegte, worauf er sich »verlegen« sollte, und dann eines Tages beschloß, sich auf – Psychologie zu »verlegen«! KNUT HAMSUN

Sündige Liebe, heiße Liebe, tolle Liebe von vorne bis hinten, wilde Träume, eine Satanshetze der Fleischeslust vom Anfang bis zum Schluß! Ach, wie müde und überdrüssig man dessen schließlich wird! KNUT HAMSUN

François Mauriac
Armer Mauriac. Wenn er stirbt, wird er alles gehabt haben, außer allem. JEAN COCTEAU

Wolfgang Menzel und Garlieb Merkel
Verwandte sind sie von Natur,
Der Frischling und das Ferkel;
So ist Herr Menzel endlich nur
Ein potenzierter Merkel.

JOHANN WOLFGANG GOETHE

George Meredith & einige andere
George Eliots Stil ist viel zu schwerfällig und Charlotte Brontës zu übertrieben. Dickens hat höchstens den Journalismus beeinflußt, Thackeray kein Echo gefunden, genau wie Trollope. Aber George Meredith, wer könnte ihn nachahmen? Sein Stil ist ein von brillianten Blitzen er-

leuchtetes Chaos. Als Schriftsteller hat er alles beherrscht, außer der Sprache, als Erzähler ist er in der Lage, alles zu erzählen, außer einer Geschichte. OSCAR WILDE

Prosper Mérimée

Dir gefällt Mérimée eben wegen jener Gaben nicht, die einen »erlesenen Künstler« aus ihm machen. Du fühlst, daß er ein Mensch ist, der jede Ernsthaftigkeit der Umgebung ignoriert, dem es widerstrebt, sich zu engagieren, der bunte Bilder zurechtschnipselt in einer künstlichen Bettlergesellschaft. Er wechselt die Umgebung wie die Kleider. Er versteht es nicht, ein Drama des *Menschen in dessen Umwelt* zu leben; auch wo er tragisch ist, ist er tragisch aufgrund von Hörensagen, von Vermutungen, aber es fehlen ihm die Wurzeln im Hintergrund.

CESARE PAVESE

Heute abend lese ich Em. »Il vicolo di Madame Lucrezia« vor. Wie mager das ist, mittelmäßig sauber! Und wie erscheint hier die *Vollkommenheit* als Eigenschaft zweiten Ranges. ANDRÉ GIDE

Garlieb Merkel

Merkel, Spazier und Kotzebue,
Das gibt doch mit Pasquillen keine Ruh!
Doch tue ich gern deren literärisches Wesen
Zu Abend auf dem Nachstuhl lesen,
Grobe Worte, gelind Papier
Nach Würdigkeit bedienen hier;
Dann leg' ich ruhig, nach wie vor,
In Gottes Namen mich aufs Ohr.

JOHANN WOLFGANG GOETHE

Fällt Garlieb Merkel mich noch einmal an, so versichere ich ihn – und er hat bis dahin Zeit, sich zu besinnen –, daß ich in der großen Ausgabe überall, wo ich seinen Namen satirisch genannt, ihn ausstreichen und mit einem elenden fingierten ausfüllen will, bloß damit ich ihm die Freude nehme, durch meine Satire auf ihn namentlich auf die Nachwelt zu kommen. Bessert er sich: so will ich seinen Namen in allen meinen Satiren auf ihn deutlich stehen lassen. JEAN PAUL

Inge Merkel

Das andere Gesicht

Die Autorin ist bemüht, sich nach allen Seiten abzusichern, ist auf Höhenkonzentration aus. Dabei passieren ihr die haarsträubendsten Sachen. »Leise wühlende Sextakkorde«, die »Schläfen trommeln leise und hart«, »knöchernes Schweigen«, um ein paar Beispiele zu nennen. Hinzu kommen irrwitzige Fremdwörter: »sybaritische Charakterentnervung«, aus Zorn »arid« sein, ein »Bezoar an der Uhrkette«. Nun ja, sie wird schon auf der Bestenliste enden. WALTER KEMPOWSKI

Conrad Ferdinand Meyer

siehe unter: Theodor Storm, G. Freytag und C. F. Meyer

Jules Michelet

Zufälligerweise von Michelet *La revolution* gelesen. Eine literarische Empörung, die mich umwirft. Das Ganze ist dazu da, um in irgendeiner populären Universität deklamiert zu werden, und nicht ein einziges Wort, das des Nachdenkens wert ist, kein Satz, der sein Hemd verlieren und sich im geistigen Bette eines anständigen Mannes halten könnte. Das alles ist niemals im Intellekt bewegt worden (der es aufgelöst und aufgeweicht hätte), sondern für das Publikum dahingefaselt. PAUL VALÉRY

Johann Martin Miller

Millers Romane sind im gantzen genommen für mich, was die bitteren Mandeln dem HundeGeschlecht sind. Sie mögen tausendmal Mandeln seyn, und tausendmal unter die guten gemischt werden, für mich ists infames Zeug, und die Pestilenz.

GEORG CHRISTOPH LICHTENBERG

Michel Millot / Jean L'Ange

Die Schule der Frauen

Kaufte bei meinem Buchhändler in Strand jenes unanständige Buch »Die Schule der Frauen«, das ich, sowie ich es gelesen habe, zu verbrennen entschlossen bin, damit es mir keine Schande macht, wenn es bei mir gefunden wird. (...) In »Die Schule der Frauen« gelesen, ein unerhört obszönes Buch. Ein verständiger Mann kann so etwas aber durchaus lesen, um sich ein Bild von der Verruchtheit der Welt zu machen. SAMUEL PEPYS

John Milton

Paradise Lost

Innerlich wurmstichig und hohl.

JOHANN WOLFGANG GOETHE

Aber noch mehr verlorner Verstand regiert in Miltons verlorenem Paradies. Der Krieg der geschlagenen Teufel gegen den Allmächtigen ist, sobald dieser nicht selbst seine Feinde unterstützt und krönt, ein Krieg der Schatten gegen die Sonne, des Nichts gegen das All; so daß dagegen bloße Ungereimtheiten fast verschwinden, solche wie z. B. eine gefährliche Kanonade zwischen Unsterblichen – die einfältigen Schildwachen und Schweizer von Engeln vor dem Edentore, damit die Teufel nicht waagrecht einschleichen, welche dafür nachher steilrecht anlangen, u.s.w. Aber man braucht diesem großen Dichter nur seine Hülfmaschinen von Hülfengeln wegzunehmen, so ist ihm geholfen, und durch die Menschen wird er göttlicher als durch die Engel. JEAN PAUL

George Moore

Er führt seine Leser aufs Scheißhaus und schließt sie dort ein. OSCAR WILDE

Eduard Mörike

Völlig geistloser Mann. GOTTFRIED BENN

Gegen die lyrische Poesie bei den Deutschen. Da lese ich, daß gar *Mörike* der größte deutsche Lyriker sein soll! Ist es nicht ein Verbrechen dumm zu sein, wenn man hier also Goethe *nicht* als den größten empfindet oder empfinden will? – Aber was muß da nur in den Köpfen spuken, welcher Begriff von Lyrik! Ich sah mir darauf diesen Mörike wieder an und fand ihn, mit Ausnahme von 4-5 Sachen in der deutschen Volkslied-Manier, ganz schwach und undichterisch. Vor allem fehlt es ganz an Klarheit der Anschauung. Und was die Leute an ihm musikalisch nennen, ist auch nicht viel: und zeigt *wie wenig* die Leute von der Musik wissen: die *mehr* ist als so ein süßliches-weichliches Schwimmschwimm und Klingkling! – Gedanken nun hat er gar nicht: und ich halte nur noch Dichter aus, die unter anderm auch Gedanken haben, wie Pindar und Leopardi. Aber was kann auf die Dauer einem diese Knaben-Unbestimmtheit des Gefühls sein, wie sie im deutschen Volkslied sich ausdrückt! Da lobe ich mir selbst noch eher Horaz, ob der schon recht bestimmt ist und die Wörtchen und Gedänkchen wie Mosaik setzt. FRIEDRICH NIETZSCHE

Karl Philipp Moritz

Moritz ist ein guter Mensch, auch ein seltener Mensch in der Art, wie er sich seine Ideen stellt und stellen muß; in ihnen aber ist nichts Lichtes, nichts Geendigtes, und mich ärgert's, was die Damen dort für ein Wesen aus ihm machen und wie sie's mit ihm treiben. Auch von Dir hat's mich gewundert, daß Du einige seiner Gespräche so hoch und neu aufgenommen hast; sie lassen weder Klarheit noch Erquickung zurück, und im Grunde ist er ein gedrücktes, krankes Wesen.

JOHANN GOTTFRIED HERDER (AN SEINE FRAU)

Friedrich de la Motte Fouqué

Die Werke, die er in dieser späteren Zeit schrieb, sind ungenießbar. Die Gebrechen seiner früheren Schriften sind hier aufs höchste gesteigert. Seine Rittergestalten bestehen nur aus Eisen und Gemüt; sie haben weder Fleisch noch Vernunft. Seine Frauenbilder sind nur Bilder, oder vielmehr Puppen, deren goldne Locken gar zierlich herabwallen, über die anmutigen Blumengesichter. HEINRICH HEINE

Es ist doch ganz unbegreiflich, daß grade Undine so viel Aufsehen gemacht hat, und nun wieder Mlle. de Scudéry von Hoffmann so viel erregt. Beide Piècen tragen ihren Wurm von Haus aus in sich: ihren eigenen Tod. Der ist den Autoren nicht klar geworden. Undine werde ich überlesen: soviel weiß ich, daß ich, als ich's las, drei verschiedene Pläne in dem Mährchen fand, die nicht in einander, sondern widersprechend auf einander wirkten.

RAHEL VARNHAGEN

Junker Dunst de la Motte Fouqué. HEINRICH HEINE

Auf jeden Fall aber, gestehe ich, geschieht ihm kein Unrecht, wenn er seines Ultrawesens halber gehechelt wird ... In tiefster Seele empören mich die Anmaßungen und Jämmerlichkeiten jener Clique, zu deren Grundsätzen sich Fouqué bekennt, und Sie können es auch wohl mir zutrauen, daß auch ich darnach lechze, sie bis aufs Blut zu geißeln, jene edlen Recken, die unseresgleichen zu ihren Hundejungen, ja mich vielleicht zu etwas weniger, zum Hunde selbst, machen möchten.

HEINRICH HEINE

Seine seichten und sentimentalen Geschichten wirken umso lächerlicher, weil sie mit dem Kostüm einer fabelhaften Heldenzeit ausstaffiert sind. RICARDA HUCH

Der Held des Nordens
Sigurd ist stärker als fünfzig Bären und dümmer als fünfzig Ochsen. HEINRICH HEINE

Sängerkrieg auf der Wartburg
Es ist in der altdeutschen düstern Zeit ebensowenig für uns zu holen, als wir aus den serbischen Liedern und

ähnlichen barbarischen Volkspoesien gewonnen haben. Man liest es und interessiert sich wohl eine Zeit lang dafür, aber bloß um es abzutun und sodann hinter sich liegen zu lassen. Der Mensch wird überhaupt genug durch seine Leidenschaften und Schicksale verdüstert, als daß er nötig hätte, dieses noch durch die Dunkelheiten einer barbarischen Vorzeit zu tun. Er bedarf der Klarheit und Aufheiterung, und es tut ihm not, daß er sich zu solchen Kunst- und Literaturepochen wende, in denen vorzügliche Menschen zu vollendeter Bildung gelangten, so daß es ihnen sehr wohl war und sie die Seligkeit ihrer Kultur wieder auf andere auszugießen imstande sind.

JOHANN WOLFGANG GOETHE

Robert Musil

Er ist ein König im Papierreich. HERMANN BROCH

Vladimir Nabokov
Wenn man Nabokovs Beschreibungen liest, versteht man, warum er Robbe-Grillet für einen großen Autor hält.
GORE VIDAL

Pablo Neruda
Siehe unter: Gabriel García Lorca und Pablo Neruda

Friedrich Nicolai
Nicolai war ein schlechter Schriftsteller, eine prosaische Perücke, und er hat sich mit seiner Jesuitenriecherei oft sehr lächerlich gemacht. Aber wir Spätergeborenen, wir müssen doch eingestehn, daß der alte Nicolai ein grundehrlicher Mann war, der es redlich mit dem deutschen Volke meinte, und der aus Liebe für die heilige Sache der Wahrheit sogar das schlimmste Martyrium, das Lächerlichwerden nicht scheute. HEINRICH HEINE

Friedrich Nietzsche
Ein philosophierender Zigeuner. PAUL VALÉRY

Der changierte mir gleich beim ersten Anblättern etwas *zu* elegant. ARNO SCHMIDT

Stülpe alles um; zu recht sag unrecht, zu gut sag bös, nenne den Teufel »Mein Bester!«, und du hast die Moral von der

Geschicht, sagen wir *ziemlich,* im Sack. Das Meisterdeutsch, den hinterrucks wühlenden Tiefsinn, die drumherum sind, könntest du nur bewundern, bei höchsteigner Besichtigung. WILHELM BUSCH (AN GRETE MEYER)

N. brach vielleicht zusammen, weil er sich plötzlich so sehr des Zarathustras schämte, seines züchterischen Optimismus, seiner Verwirklichungshoffnungen im Soziologischen und Physiologischen, seiner darwinistischen Pathetik. Das war ja altmodisch, lag lange vor dem Alten Testament, fast vor dem Garten Eden ... Das Jasagen zum *Leben?!* Wie war das kavalleristisch gefühlt! Draufgängerisch, banal! Schöner Schmus mit Dionysos! Dafür mit 20 Dioptrieen auf zwei Brillen u. bei Wurstpellen gearbeitet u. auch noch die Auflagen selbst bezahlt, während Ranke u. Wilamowitz-Möllendorf Excellenzen wurden. *Diese* sind das *Leben.* Ein anderes existiert nicht. Verwirklichung des absoluten Geistes giebt es nicht. GOTTFRIED BENN

Dionysos-Dithyramben
Die Dionysosrhytmen sind klingendes Chaos, in dem noch viele tönende Erze und klingende Schellen aus der sophistischen Sprachzersetzung der Nietzscheschen Dialektik mitläuten, und unrettbar.

RUDOLF BORCHARDT

Mathias Nolte
»Großkotz«: So ein grauenvolles Buch. Es ist überhaupt nicht zu fassen. In dem ganzen unfaßbar grauenvollen Buch ist ein einziger schöner Satz, und der ist schnell zitiert: »Er lachte wie ein Maikäfer.« Man kennt das ja: Spätestens Ende April ertönt landauf, landab dies schallende Gelächter, zuerst keckernd nur, dann immer froher, bis es richtig lauthals ist und es Zeit wird für die Maikäfer-

plage. So ein grauenvolles Buch. Es ist überhaupt nicht zu fassen. HARRY ROWOHLT

Novalis

Dagegen gestehe ich Dir, daß ich Novalis' Heinrich von Ofterdingen nach seinem ganzen Wesen recht mittelmäßig, ja elend finde ... Das dummgelehrte Bauerngeschwätz allenthalben, das Märchen endlich mit seiner Langweiligkeit, wenn man es nicht errathen kann, und mit seiner Unbedeutendheit, wenn man es nicht weiß!

ACHIM VON ARNIM

Novalis ist der hoffnungslose Jüngling der deutschen Literatur. FRIEDRICH SCHLEGEL

Ich habe gemerkt, daß der Mystizismus bei Gebildeten meistens Nervenschwäche und Magenkrampf ist. Mein Freund Novalis steht an der Spitze.

JOHANN GOTTFRIED SEUME

Novalis = Vergötterung des Dilettantismus. Ein Franz Sternbald, Objekt und Subjekt zugleich. Ein Wilhelm Meister, ohne Freibrief in seinen Lehrjahren verfangen ewiglich. Daß die Deutschen diesen schaukelnden Träumen, dieser bild- und begrifflosen Ahnungsfähigkeit einen so hohen Wert beilegen, ist eben das Unglück dieser Nation ... Mönche und Klausner mögen »Hymnen an die Nacht« heraustönen, für tätige Menschen ist das *Licht.* FRANZ GRILLPARZER

Novalis und Friedrich Schlegel

Wert des literarischen Schnitthandels oder Feilstaubs oder Blumenstaubs oder der Gedankenspähne oder Papierspähne u. s. w. Wer kein großes Ganzes, kein Fertiges hat, der muß diese haben und geben. So gab Novalis Blumenstaub, Friedr. Schlegel Feilstaub oder Fragmente oder Sentenzen, andere taten Aussprüche von Gehalt, tiefe Blicke und so fort. Man nahm sich hier mit Recht die Käsemade zum Muster, welche, da sie nicht gehen kann, dafür außerordentlich springt, und zwar dreißig mal höher, als sie lang ist. Platner kehrte es um und gab dem Namen Aphorismen ein wirkliches System; aber wenn philosophische weniger als schöne Geister gern mit Sentenzen, Genieblicken, Genieblitzen und Feilstaub auftreten: so hält die Welt sie mit Vergnügen für Philosophen. Auch jede andere Wissenschaft vertreten gute Madensprünge leicht. JEAN PAUL

Beide konnten nie ein Kunstwerk liefern, nur lyrische Ergießungen und Worte über fremde. JEAN PAUL

Edna O'Brien

Edna O'Brien ist die Kassandra der weiblichen Erotik. Vergnügen scheinen ihre Frauen aus dem Sex nicht zu ziehen. Ich an ihrer Stelle hätte aufgegeben.

EDMUND CRISPIN

Flann O'Brien

Der kleine Myles! Sein vulgäres Zeug kann ich nicht ausstehen!

PATRICK KAVANAGH

O'Briens akademische Stilscherzchen und pseudo-parodistischen Theorien ziehen sich so zäh in die Länge wie die ödesten Shakespeare-Debatten in »Ulysses«. »Dalkeys Archive« sind ein krauses Kuriositätenkabinett für Liebhaber des schelmisch augenzwinkernden Akademikerscherzes. So, so, De Selbys Badebucht mitsamt ihrer Zeitmaschine liegt in der Vico-Road? Derselbe Vico wie auf der ersten Seite von Joyces »Finnegans Wake«? Die kurvige Straße als Symbol einer zyklischen Zeit? Wie hochamüsant.

STEPHAN MAUS

Eugene O'Neill

O'Neill gehört zu der Gruppe amerikanischer Autoren, wie auch Farrell und Dreiser, deren Berufswahl eine Art triumphale Katastrophe war. Keiner dieser Männer besaß das geringste Gefühl für Wort, Satz, Rede, Absatz; sie alle haben ihre Karriere, die sie sich selbst verordnet haben, durch die erbarmungslose Kontrolle ihres Rhythmus sozusagen erzwungen. Was sie produzieren, ist schwerlich zu loben oder zu verdammen, denn wie soll man die große, logische Symphonie eines stocktauben Musikers loben? MARY McCARTHY

George Orwell
Er schrieb schlechte Gedichte und manchmal in seinen frühen Buchbesprechungen eine Schuljungen-Prosa. Seine Begabung war das genaue Wahrnehmen von Fakten und Zahlen, was ihn zu einem besseren Analytiker der Kunst Frank Richards (Autor von Jungen-Geschichten) als der Kunst Tolstois gemacht hat. Es ist leichter, »die zugrunde liegenden Vorstellungen & den allgemeinen Einfallsreichtum« eines Frank Richard quantitativ zu beurteilen, als bei Tolstoi, Swift oder Dickens über den Daumen zu peilen. MARY MCCARTHY

Man hat das Gefühl, daß Orwell immer diese Seite von sich unterdrückt, die kindische, phantasiereiche Seite, der, wie die Psychologen meinen, wir alle von Zeit zu Zeit Freiheit gewähren müssen, und daß er dies mit einigen merkwürdigen Resultaten tat. ANTHONY POWELL

Ovid
Er scheint mir durchaus ein Mann von großem Talent gewesen zu sein, aber zügellos, schlüpfrig und weibstoll, den der Verkehr mit Frauen so ergötzte, daß er darin das höchste Ziel seiner Glückseligkeit setzte. Daher schrieb er die *Liebeskunst,* ein aberwitziges Werk, und, wenn ich mich nicht täusche, die verdiente Ursache seiner Verbannung. PETRARCA

Ich kann die Klagegesänge des Ovid im Ganzen nicht als ein poetisches Werk betrachten. Es ist viel zu wenig Energie, viel zu wenig Geist und Adel in seinem Schmerz. Das Bedürfnis, nicht die Begeisterung, stieße jene Klagen aus; es atmet darin, wenngleich keine gemeine Seele, doch die gemeine Stimmung eines edleren Geistes, den sein Schicksal zu Boden drückte. FRIEDRICH SCHILLER

Bert Papenfuß
Gequirlter Stumpfsinn. Der Giftpilz Karl Kraus dachte über solche verwelkten Musenjünglinge: Man darf nicht nur keine Ideen haben, man muß auch unfähig sein, sie auszudrücken. Originale Prenzlpoesie: seichte Wortspielereien, an denen gemessen der Blödl-Jandl in Wien ein Poet mit tiefsinnigem Witz ist. Papenfuß ist der Sohn eines DDR-Generals. Dafür kann er nichts. Aber was dieser General mit den armen Rekruten gemacht hat, das macht sein Söhnchen mit den armen Worten.

WOLF BIERMANN

Boris Pasternak
siehe unter: Der Rest der Welt

Dr. Schiwago
Eine jämmerliche Angelegenheit, unbeholfen, trivial und melodramatisch, mit stereotypen Situationen, geilen Anwälten, unglaubhaften Frauen und abgedroschenen Zufällen. VLADIMIR NABOKOV

Birgit Pausch
Die Schiffsschaukel
Eine überspannte, theatralische Sache. Auf Seite 13 habe ich die Lektüre eingestellt. Irgendwann muß ich schließlich mal dran denken, daß ich nur noch 20 Jahre zu leben habe. – Auf die Bestenliste mit ihr!

WALTER KEMPOWSKI

Cesare Pavese

Cesare Pavese *Das Handwerk des Lebens – Tagebuch 1935 – 1950;* aber was sind denn das für Tagebücher, wo die Rechnung ganz ohne den Tag gemacht wird. Eintragungen von einem gewissen gehobenen Allgemeinheitsanspruch, bei denen es absolut und relativ gleichgültig ist, ob sie am 19. Februar 1938 (»Die Philosophen, die an die Absolutheit der Wahrheit glauben, sind nie mit einer Frau im Streit aneinandergeraten«) oder am 14. Oktober 1940 zu Papier gebracht wurden (»Eine Frau fühlt sich abgestoßen von einem Mann, der Tag und Nacht an sie denkt – weil sie n i c h t an ihn denkt«). Daß die Vertrauenswürdigkeit oder – bitte – Weltklugheit solcher Sentenzen außerdem noch eine Glaubensfrage ist, steht dann allerdings noch auf einem anderen Blatt. Jeder/jede kann sich nach Belieben etwas Betreffendes für sich herauslesen.

PETER RÜHMKORF

Octavio Paz

Sein Atem geht klar und gesund, sein Stil ist geschmeidig, seine Rede wird feurig, wenn ihr Brennstoff von außen zugeführt wird; aber wovon selbst die Rezensionen und Feiertagsartikel noch nachtönen, sind allemal Echos von Echos und Nachhalle von Anklängen, bis sich der ganze imponierende Kosmopolitismus am Ende im Vanitasbild eines Allroundepigonen auflöst. PETER RÜHMKORF

Luigi Pirandello

»Die Alten und die Jungen« ist ein verfehlter Roman, denn vollgestopft mit vorausgegangenen Begebenheiten und gesellschaftlichen und politischen Erklärungen, die aus ihm in der Anlage ein moralisches Ideen-Poem machen müßten, zersplittert er statt dessen in Gestalten, deren inneres Gesetz die Einsamkeit ist und die alle – mit der Logik der Einsamkeit – im Wahnsinn, in der Verblödung, im Selbstmord oder im Tod ohne Heroismus enden. Sie alle sind entstellt durch einen Tick, durch einen inneren Habitus, der dazu neigt, sich entweder im Monolog oder wie eine Karikatur auszudrücken.

CESARE PAVESE

August Graf von Platen

In der Tat, er ist mehr ein Mann von Steiß als ein Mann von Kopf, der Name Mann überhaupt paßt nicht für ihn, seine Liebe hat einen passiv pythagoräischen Charakter, er ist in seinen Gedichten ein Pathikos, er ist ein Weib.

HEINRICH HEINE

»Was finden Sie an und in den Gedichten des Grafen von Platen-Hallermünde?« fragte ich jüngst einen solchen Mann. »Sitzfleisch!« war die Antwort. »Sie meinen in Hinsicht der mühsamen, ausgearbeiteten Form?« entgegnete ich. »Nein«, erwiderte jener, »Sitzfleisch auch in Betreff des Inhalts.« HEINRICH HEINE

Der beste Kampf gegen den schlechten Geschmack für die form- und gedankenlose Litteratur ist die Banalität. Sie zeigt dem Leser die unerhört schlechte Form: »Aber an den angetanen« oder den unerhört blöden Inhalt: »Wie manches ist vergangen!« (Platen.) Wer kann von mir verlangen, den folgenden Vers zu lesen, wenn ich den ersten verstehen will. Und wenn ich selbst lese: »Liebesdienst den Freund zu mahnen«, bin ich noch ebenso dumm. Wie manches wird vergehn! Wir wissens, wir verlangen. Kein ewiges Bestehn. Preisfrage: Wer ist banaler, Platen oder Schneider: »Wenn sone Geige angewärmt is, denn gehtse besser«? Beide haben etwas Kluges sagen wollen.

Immerhin sagt Schneider etwas Neues für Nicht-Geigenspieler, wenn auch in etwas langweiliger Form.

KURT SCHWITTERS

Platens Gedichte liefen mir zufällig in die Hände und ich durchblätterte sie mit kalter Bewunderung. Der Mann ist zu eitel, um einer weniger göttlichen Natur, als er eine ist, zu Herzen sprechen zu können. FRANK WEDEKIND

Platen brüstet sich mit dem *Zügel* und hat nicht das Pferd. FRIEDRICH HEBBEL

Lesen Sie doch so bald als möglich Cottas Grafen Platen, nämlich dessen eben erschienene Gedichte, er ist ein wahrer Dichter. Leider, leider, oder besser, schrecklich! Das ganze Buch enthält nichts als Seufzen nach Pedrastie. Es hat mich daher bis zum fatalsten Mißbehagen angewidert. HEINRICH HEINE

Platen wäre sicherlich ein großer Dichter geworden, wenn er mehr Poesie und Gedanken gehabt hätte. Er hatte alles was zum Dichter gehört, den Hochmut, die Reizbarkeit, die Armut, die Schulden, die Kenntnisse, alles – eben mit Ausnahme der Poesie! An Verständnis der Metrik hat ihn niemand übertroffen, es fehlten nur eben die Gedanken und Gefühle, die mit dieser Verskunst zu bekleiden waren. Er hatte die poetische Kochkunst gründlich erlernt – ihm fehlte nur der Braten und das Feuer. HEINRICH HEINE

Gedichte
Dünn. STEFAN GEORGE

Plato

Plato ist ein Langweiler. FRIEDRICH NIETZSCHE

Dialoge
Darf ich die höchst lästerliche Meinung äußern, selbst Platos Dialoge zögen sich schier endlos hin und erdrückten so ihren Gegenstand, weshalb man es bedauern müsse, daß ein Mann, der so viel Wichtigeres zu sagen hätte, seine Zeit mit derart langen, müßigen und bloß einleitenden Wechselreden vergeudet habe?

MICHEL DE MONTAIGNE

Edgar Allan Poe
Poe, der in Zeitschriften der Polizei heute mit Recht zum *Meister der wissenschaftlichen Polizisten* erklärt wird (von Sherlock Holmes bis, ja tatsächlich Paul Valéry...). Ist es keine Schande, einen bestimmten Typ von Polizist, *immer wieder Polizist,* mit einnehmendem, intellektuellem Aussehen zu zeigen und die Welt mit einer Polizei-*Methode* zu beglücken? Spucken wir, en passant, auf Edgar Poe! ANDRÉ BRETON

Oh, Edgar Poe, he is such a bad writer. He is only good because Baudelaire translated him. EDWARD GOREY

2/5 von ihm ist genial, und 3/5 der reine Dreck.

DANIEL PAGENSTECHER

Poeten
Manche Poeten laufen nur hinterm Pegasus her und sammeln die Roßäpfel auf. OSKAR LOERKE

Alexander Pope
Es gibt zwei Arten, Lyrik nicht zu mögen: die eine ist, sie nicht zu mögen, und die zweite, Pope zu lesen.

OSCAR WILDE

Ezra Pound

Sehr amerikanisch, vermute ich. Und je mehr ich von dieser Rasse sehe, umso mehr danke ich Gott für mein britisches Blut, das einen unter allen Umständen davor bewahrt, drei Westen zu tragen und die Augen ständig geschlossen zu halten – wie Ezra Pound.

VIRGINIA WOOLF

Eine der literarischen Koketterien ist die methodische, beflissene Ausarbeitung von Werken, die chaotisch wirken. Unordnung simulieren, mühsam ein Chaos konstruieren, die Intelligenz einsetzen, um die Effekte der Zufälligkeit zu erzielen, das war, in ihrem jeweiligen Moment, das Werk von Mallarmé und von James Joyce. Die fünfte Dekade der Cantos von Ezra Pound, eben in London erschienen, setzt diese absonderliche Tradition fort.

JORGES LUIS BORGES

Cloacical ranting, snook-cocking, pseudo-professional jargon.

ROBERT GRAVES

siehe auch unter: Der Rest der Welt

Marcel Proust

Balls.

SAMUEL BECKETT

»Wie ich den alten Proust hasse! Ihn wirklich verabscheue.« Und mit hochkomischer Eloquenz ging er daran, das Bild jenes asthmatischen Suchers der verlorenen Zeit heraufzubeschwören, wie er da kauerte, schrecklich weiß und schlaff, die Brüste beinahe weiblich, aber mit langen schwarzen Haaren befiedert, ewig kauernd im lauwarmen Bad seiner erinnerten Vergangenheit. Und die ganze abgestandene Seifenlauge unzähliger vorausgegangener Waschungen umflutete ihn, der ganze angehäufte Dreck der Jahre lag verkrustet an den Wänden der Wanne oder hing in dunklen Aufschlämmungen im Wasser. Und da saß er, ein bleicher widerlicher Invalide, saugte mit dem Schwamm seine eigene dicke Suppe auf und preßte sie über und wälzte den trüben und sandigen Sud feinschmeckerisch in seinem Mund umher, gurgelnd, seine Nüstern spülend, wie ein frommer Hindu im Ganges.

ALDOUS HUXLEY

Sodom und Gomorrha
Keinem Schriftsteller ließe man das durchgehen. Es ist nicht lesbar. Und ich habe es Wort für Wort gelesen. Ein Wust von schlecht geschriebenen Sätzen, von Klammern, nach denen die Sätze in der Luft hängenbleiben, von vulgärer Komik, von Figuren, die fallengelassen werden und unvermittelt wieder auftauchen. JEAN COCTEAU

Lese wieder Proust. Sein Snobismus irritiert mich selbst da, wo er die feinen Leute verspottet. Er verspottet sie nur, weil sie der Namen, die sie tragen, unwürdig sind.

JEAN COCTEAU

Wissen Sie, in mir steckt etwas von einem *concierge.*

MARCEL PROUST

Alexander Puschkin
Puschkin ist das verweichlichte Männertreu, das vom Wind des Genusses da und dorthin getragen wird.

VELEMIR CHLEBNIKOV

Auf dünnen neurotischen Beinchen kam Puschkin in die russische Literatur gestöckelt und löste einen wahren Tumult aus. ANDREI SINJAWSKI

Überhaupt sind alle Menschen Seifenblasen im Vergleich zu Puschkin, nur im Vergleich zu Gogol ist auch Puschkin eine Seifenblase.
Deshalb schreibe ich statt über Puschkin über Gogol.
Obwohl auch Gogol so groß ist, daß auch über ihn nichts Rechtes zu schreiben ist, weshalb ich doch lieber über Puschkin schreibe.
Aber nach Gogol über Puschkin zu schreiben ist irgendwie beleidigend. Und über Gogol ist nicht zu schreiben. Deshalb schreibe ich über keinen von beiden.

DANIIL CHARMS

Gustav Heinrich Edler Herr von und zu Putlitz
Am Abend in Putlitz' »Idealisten«. Ein *sehr* schwaches Stück, in Hoffnung auf Tantième zusammengeschmaddert. Deutsches Haus, deutsche Familie, deutsche Idealität, 1870, Gravelotte, »Deutschland Deutschland über alles« und zwei lederne Liebespaare, c'est tout. Und solch Mann glaubt ganz ernsthaft, er vertrete die *bessere, sittlichere* Seite deutscher Kunst. Dann bin ich für Unsittlichkeit und Schweinerei.

THEODOR FONTANE

Karin Reschke
Ich halte es für ein modisches Kalkül, wenn Karin Reschke mit Henriette Vogel ein feministisches Feuerwerk anzündet. PAUL WÜHR

Der Rest der Welt
Thomas Mann, »Tod in Venedig«: erschlafft.
Boris Pasternak, »Doktor Schiwago«: melodramatisch und miserabel geschrieben.
Cervantes' »Don Quichote«: grausam und grob.
Albert Camus: scheußlich.
T. S. Eliot: nicht ganz erstklassig.
Ezra Pound: entschieden zweitklassig.
VLADIMIR NABOKOV

Samuel Richardson
Der Held eines Romans ist häufig der redende Cicero-Kopf des Autors und dessen stärkster Verräter. Zieht ihm wenigstens nicht mit einem Gefolge von Lobpreisern nach, welche ihm aus allen Fenstern und Logen hinterdreinrufen: vivas! – plaudite! – te deum! Wohin man in Richardson nur tritt, stößet man auf einen Menschen oder ein Paar mit breiten Heiligenscheinen und schweren Lorbeerkränzen in den Händen und unter den Armen, um solche Klarissen oder Grandisonen aufzusetzen. Man denkt dann schlechter von dem Paar; ja oft vom Autor selber, der in dem großen Kopfe des gekrönten Helden seinen eignen stecken hat. JEAN PAUL

Rainer Maria Rilke

Lese gerade die mir unbekannten Rilkebriefe aus den Jahren 1902–1907. Rilke ist für mich immer ein Gemisch von männlichem Schmutz u. lyrischer Größe, ein unangenehmes Gemisch. Auch diese Briefe an hundert Grafen und Gräfinnen u. aus 50 Schlössern –, es ist schwer, es nicht komisch zu finden. GOTTFRIED BENN

Geschichten vom lieben Gott, du kommst mir gerade recht; und ich riß der Goldschmiedsprosa sogleich die benötigte Anzahl Blätter heraus: schon der Titel empörte mich; feinsinniges Geschwafel; auch so ein Pneumatomache: geh zu den Guacharos! ARNO SCHMIDT

In einigen seiner Gedichte kommt Gott vor. Ich richte Ihre Aufmerksamkeit darauf, daß Rilkes Ausdruck, wenn er sich mit Gott befaßt, absolut schwul ist. Niemand, dem dies je auffiel, kann je wieder eine Zeile dieser Verse ohne ein entstellendes Grinsen lesen. BERTOLT BRECHT

Ich erstaune in Rilkes Gedichtbänden, die ich in der letzten Zeit öfter in den Händen hatte, über die höchst widerliche und abscheuliche Vermischung der schlechtesten und verlogensten mit den besten und tiefsten Gedichten. GERSHOM SCHOLEM

wir essen bei dem vorleser ludwig hardt, und das gespräch kommt auf RILKE oder die entwicklung des geschmacks auf kosten des appetits. da ist wieder die ›feinheit‹ der deutschen bourgeoisie, feinheit des emporkömmlings, wo der empörer fehlt. die schule der bourgeois, der feudale salon fehlt in deutschland. da ist auch keine hauptstadt mit einem literarischen zentralmarkt, einem forum. die kunst hat kein leben. das leben ist der anlaß für die kunst. da sind nicht gedichte mit empfindung, sondern gedichte über empfindungen. charakteristisch das ›berühmte‹ (natürlich gibt es auch nicht so was wie echten ruhm) gedicht rilkes über den panther, ein unterdrückter, seiner freiheit beraubter tritt auf: der aristokrat! die schönheit der bestie, die unschuld im höheren Sinn, die natur, die man nicht befragen soll. der spießer bedichtet die angelegenheit, erklärt seine unzuständigkeit, fragt aber doch: was muß der empfinden, in unsere hand gefallen? – übrigens ist es nicht die deutsche aristokratie, sondern die französische, die fremde.

BERTOLT BRECHT

Wie erscheinen mir heute Rilkes Briefe, die ich früher aufs höchste schätzte, blutleer und fad! Nicht eine einzige Anspielung auf das Schäbige der Armut ist darin enthalten. Sie wurden für die Nachwelt geschrieben, ihre »Erhabenheit« ekelt mich an. Die Engel werden darin neben die Armen gestellt. Zeugt es nicht von Unverfrorenheit oder von berechnender Naivität, wenn in den Briefen an Herzoginnen darüber geschwatzt wird? Den reinen Geist spielen grenzt an Schamlosigkeit. Ich glaube nicht an Rilkes Engel, noch weniger an seine Armen. Diese sind zu »vornehm«, ihnen geht der Zynismus, das Salz des Elends, ab.

E. M. CIORAN

Ich schätze ihn hoch, aber ich kann ihn nicht leiden. Das sprechende Ich und das andächtig beschworene Du fallen zusammen und werden austauschbar. Der Pilgersmann und sein Wallfahrtsziel (numinos Gott genannt) verschwimmen, und was das ganze soziale Transvestitentum am Ende an Geheimnis preisgibt, ist nichts anderes als der ständig mit sich selbst befaßte Narziß.

PETER RÜHMKORF

Die Rilke-Weiber müssen freilich übel gewesen sein, wobei ich die Fürstinnen und Gräfinnen nicht ausnehme, mit denen der österreichische Snob korrespondierte. Sein lyrischer Stil war neu, reizvoll und für Gleichstrebende offenbar äußerst verführerisch. Aber sein Ästhetizismus, sein adeliges Getu', seine frömmelnde Geziertheit waren mir immer peinlich und machten mir seine Prosa ganz unerträglich. Rilke oder George – die Wahl ist schwer. Rein kulturell gesehen, sind sie beide bedeutende Erscheinungen, aber eben Erz-Ästheten alle beide – der eine in femininer, der andere in mann-männlich-sadistisch-diktatorischer Form. THOMAS MANN

Das Hühnchen, das einige goldene Eier gelegt hat.
THOMAS MANN

Rilke ist eine Null, der einige sehr schöne Gedichte gelungen sind. WERNER KRAFT

Archaischer Torso Apollos
Erst drechselt R. 13 Reihen lang sein zähes, mühseliges Reimplastelin um diesen Torso herum, verkautschukt den Marmor lyrisch, nimmt ihm Knochen und Umriß, verdreht ihm die Augäpfel, befaßt ihm neidisch die potenten Geschlechtsteile, aber plötzlich, völlig unmotiviert bricht aus dem entmannten Gestammel die Donnergestalt eines wahren Daseinszusammenhanges hervor... Dieses Männchen: in zarten, kränklichen, kindischen, unverschämten und gleichzeitig raffinierten und ewig schielenden und hilfesuchenden Ausflüchten seine entartete Existenz verbergend. GOTTFRIED BENN

Arthur Rimbaud
Endlich darf ich einmal sagen, daß das ganze Gerede über »Das trunkene Schiff« nur die Vulgarität dieses rimbaudschen Gedichts bestätigt. LOUIS ARAGON

Joachim Ringelnatz
Ich bezweifle nicht, daß Ringelnatz als Mensch von ganz außerordentlichem Interesse war. Als Dichter aber scheint er Goethes Meinung gewesen zu sein: *Lieber NICHTS schreiben, als nicht zu schreiben.* SAMUEL BECKETT

Luise Rinser
Noch ein wenig Rinser gelesen, »Baustelle«. Stellenweise ganz vernünftig, aber immer so entrüstet. Und auf die Italiener läßt sie nichts kommen. Unverzeihlich: Sie hat überhaupt keinen Humor. Wenn ich sie mal treffe, werde ich sagen: Ich finde die Italiener zum Kotzen.
WALTER KEMPOWSKI

Alain Robbe-Grillet
Die blaue Villa in Hongkong
Die Grundstruktur des Texts besteht aus Wörtern wie »die nackten Brüste einer Wachspuppe«, »ein Theaterplakat«, »die Reklame für Strumpfhalter oder für ein Parfüm«, »langbeinige geschmeidige Frauen in ihren hautengen Etuis aus schwarzer Seide«, »graugrün gefleckte Fallschirmjägeruniformen«, »Pistolen in Hüfthöhe«, »eurasische Dienerin« usw. Solche Bilder, bewußt an den Kitsch herangeführt, entspringen der gleichen Absicht wie Jean-Claude Forests *Barbarella*-Strip oder die gräßliche *Phoebe Zeit-Geist*-Serie der New Yorker ›Evergreen-Review‹, in der die heute übliche Reizwir-

kung sexueller Waren-Fetische bis zur Raserei persifliert wird. Eben solche Persiflage aber gelingt Robbe-Grillet nicht. Von Raserei ist er weit entfernt. Statt dessen hat er sich in seine zunächst rein artifiziell hergestellte Klischee-Welt widerstandslos verliebt. ALFRED ANDERSCH

Romain Rolland

Was mich an Romain Rolland offenbar stört, ist die Tatsache, daß ihm der Krieg nichts anhaben kann. Sein Buch (»Jean-Christophe«) wirkt am besten in der Übersetzung. Ich gehe noch weiter: Er würde vom Zusammenbruch Frankreichs nur profitieren, profitieren auch von einem Niedergang der französischen Sprache, der französischen Kunst, des französischen Geschmacks und all jener Gaben, die er leugnet und die ihm versagt sind. Er ist so vollkommen gutgläubig, daß er einen manchmal beinahe entwaffnet. Er ist ein Naiver, aber ein leidenschaftlicher Naiver. Schon früh hat er seine Freimütigkeit für eine Tugend gehalten, und, da sie einigermaßen summarisch ist, alles, was andere an weniger Rudimentärem zu sagen hatten, für Heuchelei. Ich bin mir sicher, daß ihm diese Haltung allzuoft erst möglich wird durch einen Mangel an Gefühl und Geschmack, ja sogar an Verständnis für die Kunst, für Stil und ein gewisses Griechentum, das keine andere Heimat mehr hat als Frankreich. Nichts ist formloser als sein Buch; es ist ein Guglhupf, in dem man dann und wann eine Rosine findet. Keinerlei Glanz, keinerlei Kunstfertigkeit; ich verstehe sehr wohl, daß es gerade darum gewissen Leuten gefällt. ANDRÉ GIDE

Danton

Der Verfasser ist ein großer Pazifist und humaner Mensch, aber seine Art zu dichten ist sehr inhuman.

»Danton« ist mir schon in Berlin begegnet. »Grüß Gott«, denke ich entsetzt, grausig langweilig wird es werden. Ich muß sehen, was die Polen von ihm wollen. Drei Akte hat das Stück. Streicht man einen von ihnen, bleibt ein langweiliger zur Einleitung und der dritte. Mit dem sollte man anfangen; der ist nicht von Rolland, sondern von der jeweiligen Theaterdirektion. ALFRED DÖBLIN

Die Romantiker

Wenn es mir einmal einfiele, in Literaturgeschichte zu pfuschen, so ginge ich wenigstens etwas kecker und gewagter zu Werk und würde etwa die Rückenmarkstarre unsrer Literatur direkt und allein vom romantischen Element, von Tieck und Brentano, ableiten; das gäbe doch einen winkelrechten Rahmen, wenn auch viel Späne abfielen. Wenn ich Zeit hätte, Privatier wäre und an eigene literarische Zukunft nicht dächte, so würde ich den Tag über ins Gras liegen oder Billard spielen, mich um all die Götterchen von Varnhagen bis Hauptmann den Teufel scheren und die Abendstunden mit Tausendundeiner Nacht, Boccaccio, Cervantes, Fielding und solchen Schnurrpfeifereien füllen, Heines Gedichte exzerpieren und als Dessert jeweils ein Stückchen Goethe genießen. HERMANN HESSE

Jean-Jacques Rousseau

Die verbissene Humorlosigkeit, die allen Geisteskranken eigentümlich ist, verbindet sich in ihm mit dem dumpfen und schwerfälligen Ernst des Plebejers, der alles eindeutig, alles buchstäblich, alles kompakt nimmt. Was seinen moralischen Charakter betrifft, so war er so abscheulich, daß es schon aus diesem Grunde ganz unmöglich ist, ihn unter die Genies zu rechnen. Das Phänomen Rousseau bezeichnet den Einbruch des durchtriebenen und brutalen Plebejers – geschwätzig und theatralisch, aufdringlich und falsch sentimental – in die Weltliteratur.

EGON FRIEDELL

Friedrich Rückert

Diese (Rückertschen) Gedichte werden auf die deutsche Literatur einen unheilvollen Einfluß ausüben und vielleicht in die *Lohensteinsche* Periode zurückführen. Nichts ist *gefährlicher,* als *Mittelmäßigkeit,* die auf *einiges* trotzen kann.

FRIEDRICH HEBBEL

Nicht beschränkt worden zu sein war Rückerts Zeitverhängnis, und diese Schrankenlosigkeit ist nicht nur eine solche der Formate, sondern auch der Affekte; die »Kindertotenlieder«, so sehr sie sich im äusserlichen Zaum halten, sind zwar schreckliche Menschenlaute, aber sie sind nicht gedichtet.

RUDOLF BORCHARDT

Peter Rühmkorf

Peter Rühmkorf hat es mit der Eleganz eines Kartoffelsacks immer geschafft, die Kellertreppe hinunterzupoltern.

THOMAS KLING

Rühmkorf hatte schwer mit seinen Zähnen zu tun, früher oder später widerfährt uns allen das. Unerquickliches Gespräch. Seine linke Attitüde geht ziemlich auf den Nerv, und er ist doch sonst ein ganz netter Kerl? (…) Freundliches Umarmen bei eisiger Unnahbarkeit. Man sitzt mit jemandem zu Tisch und ißt Huhn mit Reis und weiß beim Plaudern eben doch, daß er einen verachtet? (…) Einen Traumtänzer kann man ihn wohl nicht nennen, einen Träumer schon gar nicht, einen Albtraum, den er mit »p« schreibt, schon eher.

WALTER KEMPOWSKI

Vita Sackville-West

Sie sah oberhalb der Taille aus wie Lady Chatterley und unterhalb wie der Wildhüter. CYRIL CONNOLLY

Françoise Sagan

Dafür hat die Sagan das Klassenziel erreicht. Ihr, die ein paar dünne Gefühlchen und ein paar manierierte Situationen mit einer literarisch aussehenden Sauce anrichten kann, widmen Nadeau und Pingaud eigene Kapitel: Die Sagan ist Literatur, Simenon nicht. ALFRED ANDERSCH

Bernardin de Saint-Pierre

»Paul et Virginie« käme uns heute wie eine unerhörte Neuheit vor, wenn Virginie zuweilen über Bananen nachdächte, und Paul sich von Zeit zu Zeit geistesabwesend ein paar Backenzähne ausrisse. LOUIS ARAGON

J. D. Salinger

In Hemingways Werken war selten jemand anderer als Hemingway selbst in einer Serie von Verkleidungen zu finden, immerhin gab es nur einen Papa pro Buch. Mit den sieben Gesichtern Salingers konfrontiert zu sein, alle weise, liebenswert und einfach, ist wie in einen fürchterlichen Narziß-Tümpel zu blicken. Salingers Welt enthält nichts als Salinger, sein tolerant gehätscheltes Publikum – die Menschheit. MARY McCARTHY

Salomon
Das Hohe Lied Salomonis
Das Huren-Lied Salomonis.

GEORG CHRISTOPH LICHTENBERG

George Sand
Sie ist dumm, sie ist schwerfällig, sie ist eine Schwätzerin. In den sittlichen Ideen besitzt sie die gleiche Tiefe des Urteils und das gleiche Zartgefühl wie die Portiersfrauen und die ausgehaltenen Mädchen.... Daß einige Männer in Liebe zu diesem Attribut verfallen konnten, ist wohl ein Zeichen des Niedergangs der Männer dieses Jahrhunderts. CHARLES BAUDELAIRE

Man nehme George Sand. Sie vor allem und mehr als alles andere ein *dummes Ding;* aber sie ist *besessen*... Ich kann an dieses dumme Geschöpf nicht ohne einen gewissen Schauder des Abscheus denken. Wenn ich ihr begegnete, könnte ich mich nicht zurückhalten, ihr einen Weihwasserkessel an den Kopf zu werfen.

CHARLES BAUDELAIRE

Madame Sand ist sehr gütig, aber zu gütig, zu andächtig, zu demokratisch und zu evangelisch. GUSTAVE FLAUBERT

Sie ist äußerst liebenswürdig gewesen und voll des Lobes für uns. Aber all dies mit einer Art trübsinniger Einfalt, einer Seichtheit des Ausdrucks, einer Blödigkeit der Anschauungen, die frieren macht wie eine nackte Mauer. Die Banalität in ihrem Paroxysmus!

EDMOND UND JULES DE GONCOURT

»Ach, übrigens, Gautier, Sie kommen aus Nohant von Madame Sand! War's amüsant?« »Wie in einem Kloster der Mährischen Brüder! ... Um zehn wird gefrühstückt. Mit dem letzten Glockenschlag, wenn der Zeiger auf zehn weist, begibt man sich ohne weiteres zu Tisch. Madame Sand taucht als Somnambule auf, frühstückt schlafend. Danach geht man zum Kugelspiel in den Garten; das muntert sie auf. Sie setzt sich und beginnt ein Schwätzchen. Gewöhnlich werden um diese Stunde Probleme der Aussprache erörtert; zum Beispiel die Aussprache von d'ailleurs und meilleur. Aber der Gesellschaft höchstes Vergnügen sind die Kot-Unterhaltungen.«

»Bah!«

»Ja, die Scheiße, die Fürze, das ist der Quell der Heiterkeit. Marchal hat großen Erfolg mit seinen Winden. Aber nicht das leiseste Wort über die Beziehungen der Geschlechter! Ich glaube, man würde glatt vor die Tür gesetzt, wenn man darauf anspielte ...«

EDMOND & JULES DE GONCOURT

Zu einer gewissen Zeit war sie mit Alfred de Musset sehr intim, und ich habe gehört, daß dieser charmante Dichter aufgrund seiner Zugehörigkeit zum genus irritable es manchmal nicht zum Aushalten fand, wenn sich die Autorin von »Consuelo« in der kritischsten Stunde ihrer ziemlich gestörten Freundschaft an ihr ewiges Manuskript setzte. Sie war auch sehr vertraut mit Prosper Mérimée, und mir wurde erzählt, daß er sie frühmorgens an einem kalten Wintertag sah, wie sie, mit einem Halstuch um den Kopf, Feuer anzündete, um ihr literarisches Tagesgeschäft wiederaufzunehmen. Er hatte ebenfalls Nerven, scheint es; das Schauspiel verwirrte sie beide – er selbst dachte nicht daran, schon an die Arbeit zu gehen – und von diesem Moment an war ihre Vertrautheit vorbei.

HENRY JAMES

George Sand, das Luder, hat sich seit meiner Krankheit nicht um mich bekümmert; diese Emancipatrice der Weiber, oder vielmehr diese Emancimatrice hat meinen armen Freund Chopin in einem abscheulichen, aber göttlich geschriebenen Roman auf's empörendste maltraitiert.

HEINRICH HEINE

Die Milchkuh der frommen Denkungsart.

FRIEDRICH NIETZSCHE

Jean-Paul Sartre

Ich sah kürzlich die weltberühmten »Fliegen« – mein Gott, wie banal muß alles werden, um der Masse u. der Presse einzugehen u. als tief zu gelten. Ich verstehe nicht, wieso hier überhaupt von Existentialismus geredet werden kann, das Stück ist ein Oberlehrerdrama, u. Orest läuft vom tumben August über Heydrich bis Prometheus u. läßt Sie in allen Masken kalt. GOTTFRIED BENN

Huis Clos

Er ist ein moderner Philosoph, und um seine Sicht des modernen Dilemmas zu zeigen (die verdammte Seele im verschlossenen Raum), greift er zu den ältesten Theatertricks. Ein Kollaborateur, der ein Feigling ist, ein Mädchen der Gesellschaft, die eine Mörderin ist, und eine Lesbe, die in Wirklichkeit eine Sadistin ist, sterben und fahren zur Hölle, die einfach ein Hotelzimmer ist, wo ihre eigenen Charaktere sie gefangen halten, wie im Leben. Über dieses Stück, was immer sein Inhalt ist, kann man nur sagen, daß Sartres Gefühl für Sünde nur rudimentär ist. Die Verbrechen, die seine Charaktere gestehen, sind so unausgegoren, daß sie unschuldig und kunstlos erscheinen, – ein Geistlicher auf einem fünfminütigen einsamen Spaziergang begeht schwerere, mannigfaltigere und subtilere Sünden, als es sich Sartre in seiner Philosophie träumen läßt. MARY McCARTHY

Die Wörter
Dazwischen wird ein Kind rezensiert, als sei es ein Buch. Das Buch ist mittelmäßig, der Rezensent ist große Klasse. Die Kritik erweist sich dem Buch als überlegen. Sie ist großmütig genug, um es nicht zu zerreißen. Sie erlaubt sich ein Kunststück: die Rezension macht den Inhalt des Werks lebendiger, als der Verfasser selbst es vermochte. Man nennt das wohl schöpferische Kritik.
ALFRED ANDERSCH

Paul Scarron
Diese verärgerte Kröte am Fuße des Parnaß! Sie schändet Apollos heilige Kunst! Scarron bedient sich einer Art Idiom, das jedermann darüber staunen läßt, auf wie viele Arten die vierundzwanzig Buchstaben des Alphabets zusammengesetzt werden können, ohne daß es irgendetwas bedeutet. CYRANO DE BERGERAC

Paul Scheerbart
Es gehört zur Fülle der Literatur, daß es auch derlei bunte Projekteure mit beschränkter Haftung gibt.
ARNO SCHMIDT

Leopold Schefer
Leopold Schefer gehört, was seine hastig durcheinandertaumelnde Schreibart angeht, zu denjenigen Schriftstellern, die den Stil bloß für ein nothwendiges Übel anzusehen scheinen, das da sein muß, um die Gedanken schreiben zu können. THEODOR MUNDT

René Schickele

Gedunsene Impotenz.

ALFRED DÖBLIN

Friedrich Schiller

Was noch die sogenannten Idealdichter anbetrifft, so finde ich, daß sie fast nichts als Marionetten mit himmelblauen Nasen und affektiertem Pathos, aber nicht Menschen von Fleisch und Blut gegeben haben, deren Leid und Freude mich mitempfinden macht und deren Tun und Handeln mir Abscheu oder Bewunderung einflößt. Mit einem Wort, ich halte viel auf Goethe oder Shakespeare, aber sehr wenig auf Schiller.

GEORG BÜCHNER

Daß Schiller heute, bei uns, der gesuchteste Drehbuchautor für Mord- und Räubergeschichten wäre, kann doch nur ein Denkfauler oder ein Germanist abstreiten.

ARNO SCHMIDT

Schiller: diabolische Tendenz ohne diabolisches Genie.

FRIEDRICH SCHLEGEL

Hier feiert der Gedanke seine Orgien – nüchterne Begriffe, weinlaubumkränzt, schwingen den Thyrsos, tanzen wie Bacchanten – besoffene Reflexionen.

HEINRICH HEINE

Schiller ist ein rhetorischer Sentimentalist voll polemischer Heftigkeit, aber ohne Selbständigkeit, der lange tobte und braußte, dann aber sich selbst beschnitt und kultivierte, ein Knecht ward und regreßierte.

FRIEDRICH SCHLEGEL

Kabale und Liebe
Durch die Unnatur der Sprache in *Kabale und Liebe*, welche in der Bemühung, eine starke, großartige zu sein, nur eine brockenvolle, großtuende ist, wird eine gute Aufführung dieses Stückes sehr erschwert.

CLEMENS BRENTANO

In Wahrheit wieder einmal ein Produkt, was unsern Zeiten – Schande macht! Mit welcher Stirn kann ein Mensch doch solchen Unsinn schreiben und drucken lassen, und wie muß es in dessen Kopf und Herz aussehen, der solche Geburten seines Geistes mit Wohlgefallen betrachten kann! – Doch wir wollen nicht declamiren. Wer 167 Seiten voll ekelhafter Wiederholungen gotteslästerlicher Ausdrücke, wo ein Geck um ein dummes affectiertes Mädchen mit der Vorsehung rechtet, und voll crassen, pöbelhaften Witzes, oder unverständlicher Galimathias, durchlesen kann und mag, der prüfe selbst. So schreiben heißt Geschmack und gesunde Kritik mit Füßen treten; und darin hat denn der Verfasser diesmal sich selbst übertroffen.

KARL PHILIPP MORITZ

Über ein Gedicht von Schiller »Das Lied von der Glocke« sind wir gestern mittag fast von den Stühlen gefallen vor lachen. Es ist à la Voß, à la Tieck, à la Teufel, wenigstens um des Teufels zu werden.

KAROLINE SCHLEGEL

Dabei fällt mir ein, daß es auch im Burgtheater etwas Neues gab –: den »Wilhelm Tell« des noch sehr jungen Dichters Friedrich Schiller. Anscheinend ein Expressionist, wenigstens nach dem eigens bestellten Bühnenbild zu urteilen. Der Text freilich ließe mehr an ein Biedermeiermilieu denken, aber ich halte das Bühnenbild für die Hauptsache; wenn man den Geist eines Theaters reformieren will, muß man es machen wie Gott: der hat auch bekanntlich zuerst die Landschaft geschaffen, dann erst den Menschen, und Schiller hat er die Schwindsucht auf den Hals geschickt. Daß er die neuere Geschichte nicht in der Karbonperiode spielen ließ, kommt bloß daher, daß er halt doch kein wahrer Dichter ist. ROBERT MUSIL

Schiller hat eine heftige Ausdrucksweise und ein kränkliches Aussehen, und seine Manieren sind die eines Menschen, der sich nicht behaglich fühlt. Es ist in ihm eine Mischung von der Zerstreutheit des Genies und der Eckigkeit des Studenten. Seine Gesichtszüge sind große, aber unregelmäßige. HENRY CRABB ROBINSON

Schiller sieht immer aus wie ein Dichter, der zu seinem Trauerspiel den fünften Akt sucht.
JOHANN BLURUS SCHLEPPONIUS

Aber gegen Göthen bin ich und bleibe ich ein poetischer Lump. FRIEDRICH SCHILLER

Um in eine andere Region herabzusteigen: woher kommt denn Schillers großer Ruhm und Popularität anders als daher, daß er sein ganzes Leben hindurch (etwa die romantische Fratze der »Jungfrau von Orleans«, und die tragische Fratze der »Braut von Messina« ausgenommen, welche deswegen auch nicht die geringste Rührung hervorbringen konnten) dem nachgejagt hat, was ergreift und erschüttert, er mochte es nun *per fas aut nefas* habhaft werden? Der Irrtum des Publikums lag nicht in der Wirkung selbst, sondern in der Unbekanntschaft mit Schillers Vorbildern, und der Unfähigkeit, das überverknüpfte Gewebe seiner Kompositionen zu entwirren.
AUGUST WILHELM SCHLEGEL

Ich trat gestern vor den felsigen Schiller, an dem wie an einer Klippe alle Fremde zurückspringen; er erwartete mich aber nach einem Brief von Goethe. Seine Gestalt ist verworren, hartköpfig, voll Ecksteine, voll scharfer schneidender Kraft, aber ohne Liebe. JEAN PAUL

Wallensteins Lager
wurde in Weimar gegeben. Jean Paul war mit seiner Jeanette Pauline drin, lief mitten aus dem Stück aus der Loge und rief: »Ach, was ist das für ein barbarisches Zeug!« CAROLINE SCHLEGEL

Ich werde nie die Vorstellung los, er ist groß u kühn u alles mögliche, aber *er meint etwas Anderes,* als Goethe oder Kleist. Er meint nicht die Moral als Hintergrund u Quell der Gestaltung, des so oft von ihm zitierten »Aesthetischen«, er trägt sie im Grund doch in sich als Gemeinschaftsgesinnung u. menschlich-seelisches Valeur. Das, was ich – sit venia comparationi – aus ihr herauszukristallisieren trachte als »anthropologisches Princip«, als Rassen*begriff,* ist bei Schiller bürgerlich mulmig à la Glocke (»Innen waltet die züchtige Hausfrau«) (»Er zählt die Häupter seiner Lieben«). Stellen Sie sich Goethe oder Ihren Hölderlin die Häupter seiner Lieben zählend vor! Schiller *meint* etwas anders als die ganz Großen! Und dann diese murklige, armselige, gierige Physiognomie! Rothaarig! Götter sind gestillt, von einer gewissen Periode an. Und immer schwarz oder blond, nie rot u. gesprenkelt! Sie haben nicht so gierige zermergelte Züge wie Sch. Sie sind gentlemen, keine Arbeiter-Aristokraten, keine Historiker. GOTTFRIED BENN

Wenn der gute Schiller weniger Krämpfe hätte, würden auch seine Darstellungen weniger konvulsivisch sein.

CHRISTOPH MARTIN WIELAND

Die Horen

Es ist in den »Horen« ein Cloacinentempel errichtet worden, in welchem die großen Männer ihre Notdurft verrichten und sich für ihr cacatum non pictum 4 Louis-d'or bezahlen lassen. Das Ganze ist doch nur eine merkantilistische Spekulation von Schiller.

CHRISTOPH MARTIN WIELAND

Der Schillersche »Almanach« ist aller Welt ein Ärgernis. Grobheit und schaler Witz zeichnen die meisten Epigramme aus. Aber es wird den Verfassern wahrlich vergolten werden, und schon schneit es stark Gegen-Epigramme von allen Orten her... Es kann auch nicht schaden, daß Leuten die Wahrheit gesagt wird, die sich wie die Verfasser der »Horen« das Monopol über Geschmack und deutsche Literatur anmaßen wollten. CHRISTIAN FELIX WEISSE

Würde der Frauen

Strenge genommen kann diese Schrift nicht für ein Gedicht gelten: Weder der Stoff noch die Einheit sind poetisch. Doch gewinnt sie, wenn man die Rhythmen in Gedanken verwechselt und das ganze rückwärts liest.

FRIEDRICH SCHLEGEL

Xenien

Der Schiller-Göthesche Xenienkampf war doch nur ein Kartoffelkrieg, es war die Kunstperiode, es galt den Schein des Lebens, die Kunst, nicht das Leben selbst.

HEINRICH HEINE

Was sagt mein Voß zu den »Xenien«? Sind sie nicht eines Robespierres würdig? Solche Katzbalgereien sollten der Goethe und der Schiller, die man für die Verfasser hält, verabscheuen. JOHANN WILHELM LUDWIG GLEIM

Briefwechsel Goethe & Schiller
Das Widerlichste der qu. Briefwechselei ist der Anfang des 6ten Teils derselben, die Dedikation an den jetzigen König von Bayern. Meine Leser und ich werden sich freuen, wenn dieser Punkt beseitigt ist, darum zuerst einiges über ihn. Man begreift die Verblendung nicht, mit der Goethe dergleichen drucken lassen sollte. Der Besuch, den der Bayerkönig ihm vor einigen Jahren gemacht hat, scheint Se. Weimarische Exzellenz, von deren Vornehmtun schon Bürger zu singen wußte, ganz in eine bayerische verwandelt zu haben. Goethe, der seit mehr als einem halben Jahrhundert von dem Weimarischen Regentenhause unterstützte, entblödet sich nicht, in jener Dedikation dem Könige von Bayern zu sagen, »wie sehr Schiller das Glück, Sr. Majestät anzugehören, wäre zu wünschen gewesen, und wie durch allerhöchste Gunst Schillers Dasein durchaus erleichtert, häusliche Sorge entfernt, seine Umgebung erweitert« p.p. geworden sein würden. Welch ein Galimathias von höfischer Kriecherei, Unwahrheit und poetischem Schwulst! Haben Goethes Schmeichler ihn so angesteckt, daß er selbst einer wird? CHRISTIAN DIETRICH GRABBE

August Wilhelm Schlegel
Der Zorn stieg mir bis an den Hals über A.W. Schlegels Benehmen, daß er die – sonst von mir so geschätzten – französischen Phrasen bis in sein innerstes Blut dringen,

und sie im Deutschen bis zur Niedrigkeit werden ließ, und die Staël »Beschützerin« nennt! Ein *Freund* ist er ihr: ist *sie* reich, und theilte mit ihm, so ist das, weil er es nicht *mehr* als sie war und nicht mit ihr theilen konnte. Geschützt muß er sie auf Reisen und im Leben haben: genutzt hat er ihr mit seiner Nationalität hunderttausendmal mehr, als sie ihm: ihre ist unser altes Eigenthum, von *unserer* Litteratur hätte sie nie ohne diesen Freund faseln können! Es mußte ihm endlich, und dieser Staël so aufgetrumpft werden. RAHEL VARNHAGEN

Ich kann Ihnen gar nicht sagen, wie mir Wilhelm Schlegel in Paris vorgekommen ist. Er hat einen innerlichen Grund von Redlichkeit und Güte, der ihn gewiß immer aufrecht hält. Unendliche Feinheit und Zartheit ist in seiner Seele und er kann die Lieblichkeit ahnen und erschaffen. Aber ich fand ihn von hunderterlei Eitelkeiten beengt, von kleinen Dingen erbittert und gereizt, gegen edle Menschen satirisch, gegen manche Güte kalt, dann wieder so unendlich lieb und gütig in manchem Augenblick, daß ich wohl sah, er lebt in stetem Kampfe mit sich, mit dem bessern und schlechtern in sich, und mit seinem Schicksal. – Außerdem kann ich ihm nicht vergessen, daß er seine Gedichte mit den Satiren über Voß u. s. w. entweiht hat. Dies ist auch Schuld, daß ich einige, die ich vor Jahren gemacht, und gern als Huldigung seines Wertes in meine Sammlung aufgenommen, nun ausschließen mußte. HELMINA VON CHEZY

Friedrich Schlegel

Dieser ist am Wiederkäuen sittlicher und religiöser Absurditäten erstickt, die er auf seinem unbehaglichen Lebensgange gern mitgeteilt und ausgebreitet hätte;

deshalb er sich in den Katholizismus flüchtete und bei seinem Untergang ein recht hübsches, aber falsch gesteigertes Talent, Adam Müller, nach sich zog.

JOHANN WOLFGANG GOETHE

Die Schlegel- und Tiecksche Schule erscheint immer hohler und fratzenhafter, während daß sich ihre Antipoden immer platter und erbärmlicher zeigen, und zwischen diesen beiden Formen schwankt nun das Publikum. An ein Zusammenhalten zu einem guten Zweck ist nicht zu denken, jeder steht für sich und muß sich seiner Haut wie im Naturstande wehren. FRIEDRICH SCHILLER

Man muß nur an Schlegels kühne Anfänge denken und sein Ende in der Nähe Metternichs! GÜNTER GRASS

Durchaus ist aber diese Schlegelsche Conversion sehr der Mühe werth, daß man ihr Schritt vor Schritt folge, sowohl weil sie ein Zeichen der Zeit ist, als auch weil vielleicht in keiner Zeit ein so merkwürdiger Fall eintrat, daß im höchsten Lichte der Vernunft, des Verstandes, der Weltübersicht ein vorzügliches und höchstausgebildetes Talent verleitet wird sich zu verhüllen, den Popanz zu spielen, oder wenn Sie ein ander Gleichniß wollen, so viel wie möglich durch Läden und Vorhänge das Licht aus dem Gemeindehause auszuschließen, einen recht dunklen Raum hervorzubringen, um nachher durch das foramen minimum so viel Licht, als zum hocus pocus nöthig, hereinzulassen.

JOHANN WOLFGANG GOETHE

Lucinde

Las Schlegels »Luzinde«. Mir unbekannt. Reizend u. schwammig. GOTTFRIED BENN

Lucinde ist der Name der Heldin dieses Romans, und sie ist ein sinnlich witziges Weib, oder vielmehr eine Mischung von Sinnlichkeit und Witz. Ihr Gebrechen ist eben, daß sie kein Weib ist, sondern eine unerquickliche Zusammensetzung von zwei Abstraktionen, Witz und Sinnlichkeit. Die Muttergottes mag es dem Verfasser verzeihen, daß er dieses Buch geschrieben; nimmermehr verzeihen es ihm die Musen. HEINRICH HEINE

Athenäum

Mir macht diese naseweise, entscheidende, schneidende und einseitige Manier physisch wehe.

FRIEDRICH SCHILLER

Friedrich und August Wilhelm Schlegel

Beide nur Theoretiker, also Leute 4. Ranges.

ARNO SCHMIDT

Nämlich Wolfgang Goethe trat von seinem Postamente herab und sprach das Verdammnisurteil über die Herren Schlegel, über dieselben Oberpriester, die ihn mit so viel Weihrauch umduftet. Diese Stimme vernichtete den ganzen Spuk; die Gespenster des Mittelalters entflohen; die Eulen verkrochen sich wieder in die obskuren Burgtrümmer; die Raben flatterten wieder nach ihren alten Kirchtürmen; Friedrich Schlegel ging nach Wien, wo er täglich Messe hörte und gebratene Händl aß; Herr August Wilhelm Schlegel zog sich zurück in die Pagode des Brahma. HEINRICH HEINE

Arno Schmidt

So hatte ich bei Arno S. ein unbehagliches Gefühl, so Einer könne, wenn unsereiner ihn freundlich anspreche, ihm ins Gesicht spucken oder eine Ohrfeige geben. Das hat er denn auch getan. Er hat mir wie ein beleidigter Sechzehnjähriger geschrieben, für den jeder Ältere ein Trottel ist und der außerdem einen Revolver im Sack hat. Sogar daß ich ihn für etwas jünger hielt als er ist, hat ihn wie einen Konfirmanden beleidigt. HERMANN HESSE

Leviathan
Leider ist das Buch dieses Herrn Schmidt mir ein Greuel, Marke: »zerrissen«, etwas Cynismus, etwas Sentimentalität, Naturwissenschaft; Philosophie; Kriegserlebnis – alles durcheinander gemischt, – er hat einen Bissen »Ptolemäer« genossen, aber er ist ihm zu Gift geworden. Ich werde wohl vorsichtigerweise gar nicht auf das Buch eingehn. Aber sicher wird es weiterhin als grosser Geniestreich durch den Blätterwald geistern.

GOTTFRIED BENN

Ich bin *gegen* jeglichen Monotheismus; auch in der Literatur. DANIEL PAGENSTECHER

Diese intellektuellen Muskelmann-Posen widern mich an. ROLF DIETER BRINKMANN

Der Titan als Spanner hinter der Küchengardine.

PETER RÜHMKORF

Eine schmierige Piefke-Welt. MAX RYCHNER

schmidts methode und sein resultat der an sprache gelegten interpretation (also seine etymtheorie) ist pathologischer als die von ihm benutzten vorlagen es sein *können;* er macht das, was kraus über die psychoanalyse nicht ganz zu unrecht gesagt hat. REINHARD PRIESSNITZ

Es gibt nun mal Leute, die verlegen all ihr bißchen Zeugs nur in die Lüneburger Heide und schwärmen leidenschaftlich von bankerottesten Schmökern um 1800.

J. B. LINDEMANN

Der Mann hat Suada – ob das wohl genügt? PAUL CELAN

Politisch ist Arno Schmidt vielleicht nur ein einigermaßen progressiver Stammtischpolitiker. ERICH FRIED

Dann erschien *Sitara,* und da hab ich mir gedacht: »Ab jetzt, lieber Arno, schreibst du nicht mehr für mich. Ab jetzt schreibst du nur noch für dich und deine Sekte.« Ich meine, ich zwinge doch niemanden, der mir dermaßen deutlich zu verstehen gibt, daß er von mir nicht gelesen werden will, dazu, von mir gelesen zu werden. Man will ihn doch auch nicht quälen, den armen Mann. Das ist der Deal: Du willst nicht, daß ich dich lese, und ich tu dir den Gefallen. Du findest mich zu doof, und ich finde dich zu klug. HARRY ROWOHLT

Übersetzung von »Finnegans Wake«
Der Originaltext zu Schmidts Vulgärsynopse verhält sich jedenfalls wie der Tristan zu einer Inhaltsangabe des Troubadour. WOLFGANG HILDESHEIMER

Arthur Schnitzler
Aber wenn Du nun, Liebste, zu »Professor Bernhardi« gehst, so ziehst Du mich an jenem zweifellosen Strick eben mit und es ist die Gefahr, daß wir beide in die schlechte Literatur verfallen, die Schnitzler zum größten Teil für mich darstellt ... Denn ich liebe den Schnitzler gar nicht und achte ihn kaum; gewiß kann er manches,

aber seine großen Stücke sind für mich angefüllt mit einer geradezu schwankenden Masse widerlichster Schreiberei. Man kann ihn gar nicht tief genug hinunterstoßen. Die Stücke, die ich von ihm gesehen habe (Zwischenspiel, Ruf des Lebens, Medardus) sind mir noch vor dem zuschauenden Blick vergangen, und während ich zuhörte, habe ich sie vergessen. Nur vor seinem Bild, vor dieser falschen Verträumtheit, vor dieser Weichmütigkeit, an die ich auch mit den Fingerspitzen nicht rühren wollte, kann ich verstehen, wie er aus seinen zum Teil vorzüglichen anfänglichen Arbeiten (Anatol, Reigen, Leutnant Gustl) sich so entwickeln konnte.

FRANZ KAFKA (AN FELICE BAUER)

Dramen
Es ist so, wie wenn eine Sache vor Jahren acht Kilo gewogen hat, und nun wiegt sie nur noch vier. MARTIN BUBER

Arthur Schopenhauer
Die Weltfremdheit Schopenhauers ist unbegreiflich.

ARNO SCHMIDT

Man muß zuerst Schopenhauer verneinen. Schopenhauer vergriff sich, wie er sich in allem vergriffen hat.

FRIEDRICH NIETZSCHE

Unverantwortlich und lasterhaft. H. G. WELLS

Was ist nun Schopenhauers Unterschied zum »Professor«? Zuguterletzt doch nur, daß Schopenhauer Vermögen hatte. SÖREN KIRKEGAARD

Ich glaube nicht, daß die Formel »Die Welt ist Wille« dieser Sachlage gerecht wird. KARL R. POPPER

Jedesmal wenn er Rossinis Namen nannte, hob der Autor der »Welt als Wille und Vorstellung« die Augen zum Himmel wie ein Huhn beim Trinken. ALBERTO SAVINIO

Ein Anekdotenbündel für den gebildeten Biertisch.
HERMANN KINDER

Schopenhauer war ein durchaus verkehrter Mensch, aber mit der Fähigkeit ausgestattet, von der Wahrheit so gewaltig abgestoßen zu werden, daß es ein Schauspiel für sich ist, ihn mit Riesenschritten sich von ihr entfernen zu sehen. RUDOLF BORCHARDT

Rudolf Alexander Schröder
(Gedichtbuch, ca. 1935)
Manche Stücke habe ich mit einer gewissen Rührung, manche mit Anerkennung der schönen rhetorischen Fülle der Diktion gelesen. Im ganzen ist es der alte Jammer, die alte Scheinpoesie, marklos, wuchernd, mit falscher Üppigkeit, ohne Wurzeln, ohne Kern, ein reines Wortgebilde ohne innere Notwendigkeit, – blosse Virtuosität, etwas zu entwerfen was auf den äusserlichsten Blick wie Gedichtetes aussieht. Die Wohlredenheit, das Floskelwesen, das Unscharfe, das immer in die Curve Ausbiegende, das Fühllos sein für innere Form, Weitermachen wenn die Linie zu Ende ist, – alles das quält mich und dégoûtiert mich. Es ist doch die reine Conditorei der Worte, alles aus Kuchen und wie Kuchen gemacht, nirgend der poetische Elementarvorgang, der sich plötzlich durch etwas Unerwartbares verriete. Der Ärmste. Er meint es so gut, weiß selbst so gut wo es hapert, leidet so darunter, gibt sich die falscheste Mühe an der falschesten Stelle, genießt dann wieder selbst als echter Dilettant selig sein eigenes Produkt. Wem nichts passieren kann, der kann uns nichts antun. RUDOLF BORCHARDT

Raoul Schrott
Ein großer Dichter – er reimt, aber man merkt das gar nicht. N. N. *(Leserbrief bei Amazon)*

Schütz
Was ist es denn mit der Bearbeitung des Hamlet von Musje Schütz in Halle, die ich angekündigt gesehen? Er wird wohl halb ein Plagiat und halb eine Sauerei sein.

AUGUST WILHELM SCHLEGEL

W. G. Sebald
Schwindel, Gefühle
Das schöne Buch enthält vier Texte, die in gutem Deutsch vorgetragen und zudem vom Autor mit wertvollem Anschauungsmaterial illustriert werden. Der Autor ist nämlich sehr gebildet und empfindsam obendrein. Außerdem scheint er ein ziemlicher Langweiler zu sein, aber einer von der gepflegten Sorte, was sich bei seinem Herausgeber Enzensberger beinah von selbst versteht.

BERND EILERT

Johann Gottfried Seume
Seume schreibt unerträgliches Zeug voll Arroganz, Gemeinheit, Großthun im Nichts.

JOHANN GOTTFRIED HERDER

Seume gehört zu den Leuten, die gern von Sachen schreiben, die sie nicht verstehen; warum sollen sie nicht auch über Menschen urteilen, die sie nicht kennen? Er gehört bei mir unter die, von denen die Schrift sagt: »Ich habe dich ausgespien, weil du weder kalt noch warm bist.«

JOHANN CHRISTIAN REINHART

Seumes Gedichte trüben meine Phantasie; so griesgrämisch, mißwollend, sansculottisch, nichts Höheres über sich anerkennen wollend mag ich die Dichter durchaus nicht. JOHANN WOLFGANG GOETHE

Seumes Gedichte sind aufgeklärt, aber mürrisch.

C. A. H. CLODIUS

Mein Leben

In solchen Machwerken erfährt man gewöhnlich doch nur das, was man wissen soll, und selten mehr – darum mag ich sie eben nicht. Tausend gegen eins! Der Selbstbiograph lügt. Wir bemänteln unsere dummen Streiche, umgehen bei interessanten Begebenheiten unser Unrecht und manches, was ans Undankbare, Schlechte oder Gemeine streift, wird gar nicht berührt – also haben wir da fast nie den Mann, wie er war, sondern nur *eine* Seite.

KARL HEINO FREIHERR VON MÜNCHHAUSEN

Spaziergang nach Syrakus im Jahre 1802

Ein Buch, wie ein dunkler Strom, der nicht die Dinge, sondern ewig sich selbst widerspiegelt. Man muß recht viel Interesse an dem Verf. nehmen, wenn sein Buch etwas Interesse gewähren soll. Aber, wer nähme denn auch an Seume, diesem Eisen-Abguß beharrlichen Männer-Willens, kein Interesse. FRIEDRICH HEBBEL

Seumes »Spaziergang« ist ein unerträgliches Zeug voll Arroganz, Gemeinheit, Großtun im Nichts; ein eitler Mensch, der etwas sein will, ein grober Bengel, der mit seinem Ränzel in den niedrigen Wirtshäusern durchgekrochen ist und von da aus die Städte und die Landesverfassung und die Sitten und den Charakter der Nation beurteilt und über die Ohren haut. Und dieser Grobian wird in den Himmel erhoben! CAROLINE HERDER

William Shakespeare

Als ich nacheinander die als seine besten Werke geltenden Dramen »König Lear«, »Romeo und Julia«, »Hamlet« und »Macbeth« las, empfand ich nicht den geringsten Genuß, sondern spürte vielmehr eine unüberwindliche Abscheu und Langeweile. Ich habe die feste und eindeutige Überzeugung, daß der unantastbare Ruhm eines großen und genialen Schriftstellers, den Shakespeare genießt und der für Schriftsteller unserer Zeit Anlaß ist, ihn nachzuahmen, und für die Leser und Zuschauer, ihrem ästhetischen und ethischen Verständnis Gewalt anzutun und bei Shakespeare Vorzüge zu finden, die gar nicht vorhanden sind, daß also dieser Ruhm, wie jegliche Unwahrheit, ein großes Übel ist. Die Werke Shakespeares genügen nicht den Forderungen irgendeiner der Künste, und außerdem ist ihre Geistesrichtung die minderwertigste und unsittlichste. Je eher die Menschen sich von der verlogenen Shakespeare-Verehrung frei machen, desto besser.

LEO TOLSTOI

Trunkener Wilder! VOLTAIRE

Ich sterbe und hinterlasse mein Land dem Einbruch eines barbarischen Geschmacks. Ich bin schuld daran, denn ich habe diesen ›Gille-Shakespeare‹ in Frankreich bekannt gemacht. VOLTAIRE

Ein Monstrum ohne Geschmack. Von ihm begeistert zu sein, lieber Diderot, wäre doch so, als wollte man den Apollon von Belvedere für den heiligen Christophoros von Nôtre-Dame hingeben. VOLTAIRE

Hamlet
Weit davon entfernt, Shakespeares Meisterwerk zu sein, ist dieses Stück vielmehr ein evidenter künstlerischer Fehlschlag. Man muß zugeben, daß Shakespeare sich hier an eine Sache herantraute, mit der er einfach nicht fertig wurde. T. S. ELIOT

Julius Caesar
Die Unordnung und Unwahrscheinlichkeit, welche aus dieser Hintansetzung der Regeln entspringen, die sind auch bey Shakespear so handgreiflich und *ekelhaft,* daß wohl niemand, der nur je etwas Vernünftiges gelesen, daran ein Belieben tragen wird. Sein »Julius Caesar«, der noch dazu von den meisten für sein bestes Stück gehalten wird, hat so viel *Niederträchtiges an sich,* daß ihn kein Mensch ohne Ekel lesen kann. Er wirft darinnen alles untereinander. Bald kommen die läppischsten Auftritte von Handwerkern und Pöbel, die wohl gar mit Schurken und Schlüngeln um sich schmeißen und tausend Possen machen, bald kommen wiederum die größten römischen Helden, die von den wichtigsten Staatsgeschäften reden.
JOHANN CHRISTOPH GOTTSCHED

King Lear
Shakespeares *King Lear* ist unter aller ernst gemeinten Kritik. Das Stück ist ethisch abstoßend und technisch infantil. LEO TOLSTOI

Ein Sommernachtstraum
Heute enden meine Gelübde betreffs Wein und Theater. So beschloß ich, mir eine Freiheit zu gönnen, bevor ich wieder damit beginne. Ging deshalb ins King's Theatre, wo »Ein Sommernachtstraum« gespielt wurde, ein Stück, das ich noch nie gesehen habe und auch nie wieder sehen werde, denn es ist das geschmackloseste, lächerlichste

Zeug, das ich mein Lebtag gesehen habe. Einige hübsche Tänze und ein paar hübsche Weiber waren das einzige, was mir Vergnügen machte. SAMUEL PEPYS

Sonette

Die letzten dieser Sonette (so wie die 6 oder 8 ersten) sind wieder an ein Frauenzimmer gerichtet. Sie sind aber auch die schlechtesten, spitzig und kalt. Man merkt aus ihnen, daß das Frauenzimmer nichtsnutzig war und Shakespeare alt; also auch wieder eine widerliche Empfindung. Man sollte überhaupt diese Sonette auf sich beruhen lassen. Sie können Shakespeares Ruhm nichts beifügen und, aufs beste gedeutet, nur Bedauern erwecken. Vor allem soll man sie nicht übersetzen. Man überlasse sie den Literatoren, deren Straußenmagen alles verdaut.

FRANZ GRILLPARZER

Shakespeare kenne ich nicht. ROBERT MUSIL

George Bernard Shaw

Dieser Nachäffer der größeren Künstler, der stets damit beschäftigt war, ihre Äußerungen, Haltungen und auch ihre Kapricen zu imitieren, um ebenfalls als ein großer Künstler dazustehen, mußte die Unterlegenheit des Theaters bemerken; da er auf die Gunst der Zuschauer nicht verzichten kann, weil sie Geld und großes Ansehen bringt, hat er versucht, sein Bestes in den literarischen Teil seiner Dramatik, also in die Einleitungen zu seinen Komödien zu legen ... Aber so sehr er sich den höheren Künstlern auch annähert, so sehr er auch das streifen mag, was ihn am meisten bei einem höheren Künstler anzieht – er selbst kann keiner werden. Ihm fehlt dessen wesentliche Eigenschaft: die Poesie. ALBERTO SAVINIO

Shaw fiel inmitten des Geredes in den Schlaf, wachte auf und faselte endlose Geschichten über sich selbst und sein Rückgrat, das gekrümmt ist, und seinen Onkel, der versuchte Selbstmord zu begehen, indem er seinen Kopf in eine Reisetasche einschloß, und seinen Vater, der auf dem Ophicleide spielte und verrückt starb, wie sie es alle tun, und so weiter und so fort. VIRGINIA WOOLF

Aber uns wird nur noch trivialisierter Ibsen vorgesetzt; man bietet uns Mr. Shaw, die intellektuelle Käsemilbe, an. Ibsen war ein echter Agonist, er quälte sich mit sehr realen Problemen ab. Im Vergleich dazu ist Mr. Shaw eine intellektuelle Käsemilbe, entzückt von Geschicklichkeit, mit der er in einem Käseloch verschwindet und aus einem anderen wieder auftaucht. EZRA POUND

Bis jetzt ist Shaw noch nicht bedeutend genug, um Feinde zu haben, aber seine Freunde können ihn nicht ausstehen; das ist immerhin ein Anfang. OSCAR WILDE

Es gibt verschiedene Sorten von Humoristen. Unleidlich sind jene, die selbst am lautesten über ihre Einfälle lachen. Man sieht den Autor sich die Seiten halten und weiß: Er hat einen Witz gemacht. Bernard Shaw ist ein solcher. Er freut sich lärmend über jeden seiner Späße. Er erschöpft sich in Regiebemerkungen, rückt den Witz nach rechts und nach links, bis er ihn in der besten Beleuchtung hat, trifft tausend Anordnungen, wie der Leser seine Scherze zu genießen habe. Er macht die Witze nicht nur, nein, er besorgt auch den Vertrieb und inspiziert gelegentlich die Wirkung! LEO PERUTZ

Georges Simenon

Ich liege in der Sonne im Liegestuhl, und neben mir sitzt ein Mitmensch oder gar ein nahestehender und erzählt mir die Inhalte der Romane, die er in den letzten Jahren gelesen hat, bis zu den dreihundertzweiundzwanzig Romanen von Simenon ... Und dann behauptet er frech, das alles müßte ich lesen, und verspricht mir »Lesevergnügen«. Wie wenig wir Menschen einander doch kennen, denke ich dann, freilich nicht *nur* dann.

WOLFGANG HILDESHEIMER

»La tête d'un homme«: Ein mühsam gebastelter Kriminalreißer, und von solider Plattheit: das also das angebliche augenblickliche französische Primat in der Literatur.

ARNO SCHMIDT

Johannes Mario Simmel

Ja, so müßte man schreiben können. IRMGARD KEUN

Upton Sinclair

Treib Dich selbst für eine Woche auf die Weide zum Grasen. EZRA POUND

Gestern den »Roman d'un roi de l'or« von Upton Sinclair gelesen; etwas sehr Schlechtes, ganz und gar außerhalb der Literatur. ANDRÉ GIDE

Edith Sitwell

Natürlich sind Sie eine gute Dichterin, aber mir fällt nicht ein, warum. VIRGINIA WOOLF

Edith und Osbert Sitwell

Zu den Sitwells ist zu sagen, daß ich 3/6 bezahlte, um Edith zu hören, wie sie ihre Gedichte, begleitet von einem kleinen und flinken Orchester, über ein Megaphon vortrug. Ich verstand so wenig, daß ich nicht urteilen konnte. Ich kenne Osbert ein wenig. Sie nehmen sich selbst sehr ernst. Sie stammen von Georg IV. ab. Sie sehen wie Regency-Böcke aus. Sie haben eine Mutter, die im Gefängnis gesessen hat. Sie müssen wahrscheinlich mit Sorgfalt gelesen werden, was ich nie tat und weswegen ich geneigt bin zu denken, daß sie kraftvolle, aber unbedeutende Akrobaten sind. VIRGINIA WOOLF

Herr von Soden

Herr von Soden schickt mir heute eine schreckliche Produktion: »Aurora oder das Kind der Hölle«, die eine elende Nachahmung der »Biondetta« ist. Prächtig ist der Gedanke, daß er die ganze Zauberei zuletzt als eine bloße Maschinerie einer Liebhaberin des Helden entwickelt, die ihn dadurch erobern will. So verpufft endlich das ganze Pathos. Auch das übrige ist dieses weisen Einfalls würdig.

FRIEDRICH SCHILLER

Sophokles

Doch abgesehen von Alledem, liegt über der »Antigone«, ganz so wie auch über allen andren Schauspielen der Antike, eine unerträgliche *Dürftigkeit* oder Platitude als das unausweichliche Ergebniß mangelnder Erfahrung in den Künsten – eine Dürftigkeit freilich, darin wir nach dem Willen aller Schulfuchserei das Resultat einer wohlerwogenen und überaus kunstvollen Einfalt zu erblicken hätten. EDGAR ALLAN POE

Germaine de Staël

Die Erzählungen der Madame Staël stellen diese gespannte, raisonierende und dabei völlig unpoetische

Natur, oder vielmehr diese verstandesreiche Unnatur, sehr charakteristisch dar. Man wird bei dieser Lectüre recht fühlbar verstimmt, und es begegnete mir dabei, daß man ganz die Stimmung der Schriftstellerin annimmt und sich herzlich schlecht dabei befindet. Es fehlt dieser Person an jeder schönen Weiblichkeit, dagegen sind die Fehler des Buchs vollkommen weibliche Fehler. Sie tritt aus ihrem Geschlecht ohne sich darüber zu erheben. Indessen bin ich auch in dieser kleinen Schrift auf einzelne recht hübsche Reflexionen gestoßen.

FRIEDRICH SCHILLER

Peinlich ist die Schwüle, die über den ersten Bänden der *Corinna* der Frau von Staël gelagert ist. Ich fühlte mich außerordentlich erquickt als ich heute im 2ten Bande die Stelle las wo Lord Nelvil über die Engelsbrücke geritten kommt. Es war eine aus Freude und Verwunderung gemischte Empfindung, daß einer der Helden dieses Buches auch reiten, oder überhaupt etwas anderes als *reden* könne. Ich habe dies Buch noch nicht ausgelesen, aber bis jetzt scheint mir der Plan einer der unglücklichsten die je entworfen worden sind.

FRANZ GRILLPARZER

Die lächerliche Eitelkeit der Mad. Staël leuchtet wohl nirgends so sehr hervor als in ihrem letzten Werke: Zehn Jahre meiner Verbannung. Überhaupt ist mir das ganze Wesen dieser Frau unleidlich. Was für übertriebene Deklamationen; was für, wenn nicht gemachter, doch gesuchter Enthusiasmus; welche halbwahre Wahrheiten und allgemeine Sätze, die aufs höchste als besondere gelten. Sie steht an der Spitze der Schriftsteller, die nicht ihren Gegenstand zeigen wollen, sondern sich. Worin bestand denn das Unglück ihrer Verbannung? Daß sie nicht mehr in den Zirkeln von Paris glänzen konnte, an denen sie so läppisch hing? Ihre Klagen sind ein Verbrechen an allen, die damals wirklich Ursache zu klagen hatten.

FRANZ GRILLPARZER

Sie ist keines wahren Anteils fähig. Sie fällt mit der Tür ins Haus, betäubt mich mit einem derben Schlag, und verlangt sodann, man solle alsobald sein Liedchen pfeifen und von einem Gegenstande zum andern hüpfen.

JOHANN WOLFGANG GOETHE

Gertrude Stein

Fall von klinischem Größenwahn. TRISTAN TZARA

Kalte Teigrolle von fabel-reptilienhafter Länge ... Alles Fett, kein Nerv ... Ihre Lebendigkeit von der Art der Meterwurst. WYNDHAM LEWIS

Baby-talk. WYNDHAM LEWIS

Wir waren auf einer Party bei Edith Sitwell gestern Abend, wo ein ziemliches Elend zu erdulden war. Es wimmelte von Juden. Die Party fand zu Ehren von Miss Gertrude Stein statt, die auf einem angeknacksten Lehnstuhl thronte (bei Edith (Sitwell) ist das ganze Mobiliar kaputt; zum Ausgleich dafür ist sie über und über drapiert mit Juwelen wie eine ertrunkene Meerjungfrau). Die resolute alte Dame ließ kein gutes Haar an der ganzen Jugend. Dadie sagt, sie widerspreche allem, was man sage und bestehe nicht nur darauf, daß sie die verständlichste, sondern auch die populärste aller lebenden Schriftsteller sei; und insbesonders verachtet sie alle von englischer Geburt.

VIRGINIA WOOLF

Goll und ich gingen oft in Cocteaus Cabaret »Boeuf sur le Toit«, oder wir zeigten uns in literarischen Salons, die damals aus dem Boden schossen. Einer der meistbesuchten war der von Gertrude Stein, einem ungeheuren Weibsstück mit Herrenschnitt und der Figur eines Möbelpackers. Das Haus quoll von Picassos über, aber Gertrudes kostbarster Gegenstand lief auf vier Beinen – ein gespenstischer Pudel, der sich in einer Art Dauerekstase zu befinden schien. Er war weit über zwanzig Jahre alt, aber Gertrude Stein hielt ihn mit Verjüngungsspritzen am Leben. Wäre es ihr möglich gewesen, so hätte sie Herz- und Nierentransplantationen an ihm vornehmen lassen. Ihre Freundin Alice Toklas verbrachte die Hälfte ihrer Zeit damit, die Schritte des Pudels zu überwachen, der sich an allen Wänden und Besuchern rieb.

CLAIRE GOLL

Die »Autobiographie der Alice B. Toklas« und Gertrude Steins andere ›volkstümliche‹ Bücher sind gemeinplätzig, hinterhältig und in hohem Maße langweilig. Die herablassende Art, in der sie über alles schreibt – eine Art, welche chronisch ihr ganzes Werk durchzieht –, ist symptomatisch für größenwahnsinnigen Egoismus. Dieser Egoismus hinderte sie daran, menschliche Beziehungen wahrhaft zu erkennen und die große Künstlerin zu werden, die sie zu sein wünscht. ANTHONY POWELL

Ginka Steinwachs

Die Steinwachs ist eine Suffregatte. HARTMUT GEERKEN

Laurence Sterne

Tristram Shandy

Nichts Ausgefallenes währt lange. Der *Tristram Shandy* hat sich nicht gehalten. DR. SAMUEL JOHNSON

Adalbert Stifter

›Das sanfte Gesetz‹?!: Man hätte Stifter mal vor ne Nova setzen sollen! Oder ihn bloß in Sonnennähe bringen! *Man hat in dieser feinen Schöpfung nur die Wahl zwischen Explosion und Fäulnis!* ARNO SCHMIDT

Der Nachsommer liest sich, als wäre er von edlen Verblichenen für edle Verblichene geschrieben.

BLOOR SCHLEPPEY

Friedrich Leopold Graf von Stolberg

Stolbergs Gemütskrankheit bedaur' ich. Aber daß er mich, den er kennen müßte, zu den rasenden Billigern allen Unheils in Frankreich stellt, ist nicht freundschaftlich. Wieland las seine Ode und fand sie – toll; auch Herdern schien sie zu unsinnig. Sein Probebrief im *Merkur* hat äußerst mißfallen durch seine Leerheit und den schlechten Stil, dem man doch Ansprüche ansieht. Was wird man zu denen sagen, worin adliger und pfäffischer Sauerteig gärt? Hole der Henker Adel und Pfäfferei, die ein Herz, wie Stolbergs, entedelten! Sein heilloses Wir! Wir von Adel, wir Rechtsgläubige! Wir Alleinseelige! Wir Deutsche! Wir Stolbergs samt den Unsrigen!

JOHANN HEINRICH VOSS

Haben Sie schon die abscheuliche Vorrede Stolbergs zu seinen platonischen Gesprächen gelesen? Die Blößen, die er darinnen gibt, sind so abgeschmackt und unleidlich, daß ich große Lust habe drein zu fahren und ihn zu züchtigen. JOHANN WOLFGANG GOETHE

Ihr Unwille über die Stolberge, Lichtenberge und Consorten hat sich auch mir mitgeteilt, und ich bins herzlich zufrieden wenn sie Ihnen eines anhängen wollen ... Stolbergs Delictum wünschte ich in Augenschein nehmen zu können. Können Sie mirs auf einen Posttag verschaffen, so wird es mir sehr lieb sein. Bei diesem Menschen ist Dünkel mit Unvermögen in so hohem Grade gepaart, daß ich kein Mitleid mit ihm haben kann.

FRIEDRICH SCHILLER

Hier schicke ich Ihnen sogleich die neueste Sudelei des gräflichen Salbaders. Die angestrichene Stelle der Vorrede ist es eigentlich, worauf man einmal, wenn man nichts besseres zu tun hat losschlagen muß.

JOHANN WOLFGANG GOETHE

Die Stolbergische Vorrede ist wieder etwas horribles. So eine vornehme Seichtigkeit, eine anmaßungsvolle Impotenz, und die gesuchte – offenbar nur gesuchte – Frömmelei, auch in einer Vorrede zum Plato Jesum Christum zu loben.

FRIEDRICH SCHILLER

Stolbergs Erziehung bei Klopstock hat ihm auf immer den Kopf verschraubt. Seine Ode von der *Ilias* ist die unförmlichste Dithyrambe und enthält geradezu nicht einen einzigen Zug Homers. Er ist in allen seinen Produkten immer *über* oder *unter* der Linie des Schönen.

CHRISTOPH MARTIN WIELAND

Theodor Storm, Gustav Freytag und C. F. Meyer

Einen Blick in die seligen Gefilde, Tiefebenen des deutschen Unterhaltungsromans, der nie richtig illustrierten Goldschnittnovelle von Storm, Meyer, Freytag abwärts. Statt diese klassischen Exkremente der Keuschheit, der, ein Kunstprodukt lang, züchtig hinausgezögerten und tüchtig verhaltenen Ohnmacht eingangs ehrlich mit den photographischen Abbildungen der Genitalien des Helden und der Heldin zu verzieren, hängt so ein wirkungssicherer, spannungsgerissener Ökonom oder Fabrikant hundert bis tausend Seiten ätherischester Zärtelei über seine prüde, müde Schlafgemeinde, bis sie sich kriegen oder die blauen Vergißmeinnichtaugen brechen.

ALBERT EHRENSTEIN

Botho Strauß

Mal sehen, wer länger durchhält: Er mit seinem besinnungslos hyperblasierten und leuteverscheißernden Geseire: oder wir mit unserer Zwangsneurose, den Dreck doch immerhin und immer wieder gebannt zur Kenntnis zu nehmen. ECKHARD HENSCHEID

Handke ist für mich ein Poet, Strauß ist Feuilletonist.

FITZGERALD KUSZ

August Strindberg

Ein Schwächling zu Hause, der Stärke heuchelt als Schriftsteller, und Martyrium. Ein intellektueller Blender. Aus Schwäche. Rauh nach außen – innen molluskenhaft. Ein Mann, den der Schuh drückt. An irgendeiner Stelle drückt ihn der Schuh, und deshalb haßt er alle Schuhmacher der Welt und führt einen ernsthaften großen spektakelnden Krieg – in der Vorstellung – mit ihnen.

Er hätte wohl – wie Don Quijote die Kühnheit zum Ritter – die Kühnheit zum Dichter. Aber seine Feinde sind lächerlich wie Don Quijot(es) Feinde, sein Harnisch, seine Waffen, seine Kraft sind alt und unzureichend wie Don Quijot(es) Harnisch, Waffen und Kraft. Er hat auch eine negative Dulcinea. Sie ist schön, aber er sieht in ihr die Magd etc. . . .

Er ist ein verwirrter Kopf, in dem kaum etwas Originales, Eigenes ist als sein Weiberhaß. Er hat nicht die Gewissenhaftigkeit eines Swift, der seine Fratzen des Hasses doch wenigstens nicht als gewöhnlich hinstellte. Er verleumdet, schielt und ist durchaus ungeeignet zum Portraitisten.

GERHART HAUPTMANN

Dies gute rührende 19. Jahrhundert! Dieser Wissensrausch u. diese Dämonie am falschen Ort. Er will die Frau »emporziehen« (statt: sie auszuziehen) u. muß ihr imponieren (mit geschmackvoll arrangierten Butterdosen und Frühstücksdecken)! »Am Weibe zugrunde gehen«, das ist doch schon geradezu sehr lieb. GOTTFRIED BENN

Strindberg: wer in dieser rabiaten Form gegen die bewährte Form der Zweigeschlechtlichkeit wütet u. angeht, der muß an irgendeinem Punkte dämlich sein.

GOTTFRIED BENN

In *Fräulein Julie* durchdringen sich mehrere Dinge. Erstens einmal die Ungeduld eines sechsundzwanzigjährigen Fräuleins, den Diminutiv zu verlieren. Zweitens ein wenig Spleen; wie er aus gesellschaftlicher Verwöhntheit erwächst und manchmal nichts als der zu lang andauernde Kronprinzenzustand einer königlichen Seele, die keine Aufgabe hat ... Drittens aber ist darein auch Hysterie aus dem Weiberzwinger Strindbergs gemengt. Viertens eine soziale Betrachtung, bei welcher der Knoten von Kammerdiener, der sich von Fräulein Julie verführen läßt, schlecht wegkommt im Vergleich mit dem nervöseren Geflecht, aus dem Fräulein Juliens Fehler bestehn. Und fünftens weht durch das einaktige Nachtstück baritonal melancholisch der Kantus: *post – animal triste.*
Diese fünf Elemente ließ die Regie – von gutem Spiel un-

terstützt – ziemlich gleich stark wirken; andre Erlebnisse waren nicht festzustellen. Das Stück schreitet in richtigen Theaterstiefeln, mit kräftigen Theaterschritten bis zum Ende durch Selbstmord und erlaubt nicht, daß man auf andere Auswege sinnt, der armen Komtesse zu helfen; beispielsweise durch den Rat, mit dem Tod so lang zu warten, bis sich gezeigt hat, ob wirklich andre als moralische Folgen zu erwarten sind, während welcher Zeit sich zuweilen auch die Frage der moralischen ändert. Der sittliche Verfall, dem wir – wie die Angehörigen jeder noch nicht vergangenen guten Zeit – rettungslos anheimgegeben sind, lehnt sich gegen diese römerdramatische Moral auf, an der Lessing noch reine Freude gehabt hätte; das scheint auch Strindberg empfunden zu haben, denn er unterlegt das Ende mit Hysterie und Suggestion, fast unschuldig gerissen malt er dadurch einen grausigen Sketch als Gipfel; auf seiner Höhe erklärt er: letztes Glied einer verdorbenen Kette muß ausgemerzt werden, und bläst als biologischer Fortschrittsmann das Lebenslichtlein aus.

ROBERT MUSIL

Südamerikanische Literatur

Es wird ein Quotensystem eingeführt für erzählende Literatur, die in Südamerika spielt. Zweck dieser Vorkehrung: die Ausbreitung von Pauschalreisen-Barock und faustdicker Ironie einzudämmen. Nein, dieses Nebeneinander von billigem Leben und teuren Prinzipien, von Religion und Banditentum, von überraschender Ehre und willkürlicher Grausamkeit; nein, dieser Daiquiri-Vogel, der seine Eier auf den Flügeln ausbrütet; nein, dieser Fredonna-Baum, dessen Wurzeln an den äußersten Spitzen seiner Zweige wachsen und vermöge dessen Fasern der Bucklige die hochmütige Frau des Hazienda-Besitzers auf telepathischem Wege schwängern kann; nein, dieses Opernhaus, das nun vom Dschungel überwuchert ist. Erlauben Sie mir, auf den Tisch zu pochen und »Ich passe« zu murmeln. JULIAN BARNES

Eugène Sue

In Smyrna habe ich mir, als Regenwetter herrschte, das uns am Ausgehen hinderte, aus der Leihbücherei Eugène Sues »Arthur« entliehen. Man könnte kotzen, es gibt dafür keinen Namen. GUSTAVE FLAUBERT

Jonathan Swift

Gullivers Reisen

Moralisch gesehen finde ich es entsetzlich, unmännlich, lasterhaft, und so groß dieser Dechant auch ist, wir sollten ihn meiner Ansicht nach auspfeifen.

WILLIAM M. THACKERAY

Ludwig Thoma

Er hat viele Menschen in seinem langen Leben kennen gelernt; er ist im Ausland gewesen und hat mit ›Namen‹ gesprochen – aber nichts ist haften geblieben. Was hat dieser Biertrinker bei Rodin empfunden? Was bei Dichtern wie Keyserling? (Man lese die kümmerlichen Charakteristiken im Buche. Man lese sie lieber nicht.) Was hat dieser Mensch überhaupt empfunden?

Er liebt seine Heimaterde. Das ist schön. Wer so am Boden hängt, taugt – wenigstens – partiell was. Aber braucht deshalb noch kein großer Kerl zu sein.

Thoma ist es gewiß nicht. Welch ein Spießer!

KURT TUCHOLSKY

Dylan Thomas

He gave his radio-audience what they wanted.

ROBERT GRAVES

Eighteen Poems

Man muß mit dem jungen Mann sofort zum Psychiater, bevor die Sache schlimmer wird; denn wenn er anschließend zehn Jahre lang nachdächte, könnte er möglicherweise einige gute Verse zustande bringen.

EDITH SITWELL

Moritz August von Thümmel

Reise in die mittäglichen Provinzen von Frankreich

Herr Göschen hat der gläubigen Leserwelt diesen verdaungsgestörten und aus medizinischen Gründen leichtsinnigen Reisenden durch Frankreich als Klassiker deutscher Nation aufzwingen wollen.

JOSEPH VICTOR VON SCHEFFEL

Ludwig Tieck

Herr *Ludwig Tieck* war von Anfang seiner literarischen Laufbahn an ein höchst unbedeutendes Wesen. Er ward, ohne irgend etwas Sonderliches geschrieben zu haben, wegen eines ganz elenden Romans, genannt die Geschichte *William Lovells,* von Herrn A.W. Schlegel zum *großen Dichter* geschaffen. Aber Herr Tieck wird sich als Dichter sehr ändern müssen, wenn ihm je der *wahre Ruhm* erscheinen soll. FRIEDRICH NICOLAI

Tieck leidet an der dünnen Tollkühnheit; er ist ein Virtuose in der passiven, bisweilen aber auch in der aktiven Langeweile. FRIEDRICH SCHLEGEL

Wenn man Tieck über ihn selbst erheben und ihn mir gleichstellen will, so ist man im Irrtum. Ich kann dieses geradeheraus sagen, denn was geht es mich an, ich habe mich nicht gemacht. JOHANN WOLFGANG GOETHE

Genoveva ist als das Werk eines sich bildenden Genies schätzbar, aber nur als Stufe, denn es ist nichts Gebildetes, und voll Geschwätztes, wie alle seine Produkte. Es ist schade um dieses Talent, das noch so viel an sich zu tun hätte und schon so viel getan glaubt; ich erwarte nichts Vollendetes mehr von ihm. Denn mir deucht, der Weg zum Vortrefflichen geht nie durch die Leerheit, und das Hohle; wohl aber kann das Gewaltsame, Heftige zur Klarheit und die rohe Kraft zur Bildung gelangen.

FRIEDRICH SCHILLER

Das merkwürdigste Beispiel aber von den Usurpationen der Phantasie über das Gefühl finde und fand ich immer im »Lakrimas«, wo unter blendender Farbenpracht die Herzenskälte sich nicht verbergen kann und alle Ausdrücke der Liebe, Sehnsucht, Wehmut usw. in eine bloße Bilderleerheit übergegangen sind.

AUGUST WILHELM SCHLEGEL

Franz Sternbalds Wanderungen
Es ist unglaublich, wie leer das artige Gefäß ist.

JOHANN WOLFGANG GOETHE

Zerbino
Die ernsthaften, die soi-disant dichterischen Partien darin aber sind für mich von einer Langweiligkeit, einer Hohlheit, daß ich ihrer nicht Meister werden kann. Während des Lesens versagt mir die Aufmerksamkeit und meine Gedanken wenden sich ab. Ich kann nicht leugnen, daß einzelnes auch an diesen Szenen gut scheint, das Ganze aber ist mir nichtig und leer. Formlosigkeit, Mangel an Herzensbegeisterung. Die eingestreuten Lieder Geklingel und Gewäsch. Dieser Mann ist kein Dichter; obgleich ein glücklicher Dilettant im Komischen.

FRANZ GRILLPARZER

Aufruhr in den Cevennen
Herr Tieck hat neulich einen schlecht erfundenen und mittelmäßig geschriebenen Roman: Der Aufruhr in den Cevennen, herausgegeben, über den er zwanzig Jahr! nachgedacht zu haben versichert. GARLIEB MERKEL

Ludwig Tieck und Jean Paul
Ludwig Tieck und Jean Paul gehören unter die frühesten Verderber unserer Literatur. FRANZ GRILLPARZER

Leo Tolstoi

Und vom Himmel sieht irgendein Dreck herab, majestätisch, wie Leo Tolstoj. WELEMIR CHLEBNIKOW

Tolstojs Ziel ist es, wie ich vermute – wie ich glaube –, sich selber gut zu machen. Eine solche Aufgabe ist für jeden Menschen unvergleichlich weltfremd und überspannt. Sie wird ihm nicht gelingen; dennoch wird er mehr Erfolg haben, als er selber jemals wissen kann; und deshalb wird er, wenn er dem Erfolg am nächsten kommt, im gleichen Verhältnis blind sein. Das ist der Preis für die Größe dieser Art. STEPHEN CRANE

Ich will Dir auch was über Anna Karenina und die hervorragende Rolle der sexuellen Liebe im Roman des 19. Jahrhunderts sagen, die für uns zunehmend unrealistisch ist, die wir in unseren Herzen Ehebruch nicht wirklich mehr verurteilen. Tolstoi jedoch baut sein ganzes Buch auf diese Einstellung. Nimmt man das weg, sagt man: nein, ich finde es nicht anstößig, daß A. K. mit Wronski kopuliert, was bleibt dann? VIRGINIA WOOLF

Sergej Tretjakow

Eine Art literarischer Tscheka-Typ, dieser Tretjakow, der – auch hier in Berlin – uns alle vernehmen möchte, verurteilen und bestrafen. Und was er über Literatur sagte, war einfach absurd. Und dann die Romane ... das hat mit Literatur nichts mehr zu tun ... Was ist das für eine Auffassung, mit Hilfe der Literatur die Wohnungsnot und die Lebensmittelversorgung verändern zu wollen? Er ist der Börne von vor hundertfünfzig Jahren. Es geht aber um die Kunst, um Kunstwerke. Nach diesen wird man später, in kommenden Jahrhunderten, fragen und nicht nach gutmütigen sozialen Theorien. Glauben Sie mir. Noch einen Cognac? GOTTFRIED BENN

Anton Tschechow

Die Möwe

Die Seichtigkeit der Handlung, die sich um den »Ruin« eines jungen Mädchen durch einen eitlen und egoistischen älteren Mann dreht und um den daraus sich ergebenden Selbstmord ihres jungen Liebhabers, wird nicht gerettet durch die Analogie, die zwischen dem Mädchen und einer Möwe gezogen wird, die von einem gelangweilten Sportjäger geschossen wird ... Die Ironie, die darin bestehen soll, daß Tschechov den Romanschriftsteller sowohl die Bedeutung, die er selbst der Möwe zugeschrieben hatte, wie auch die Tatsache, daß er sie ausstopfen ließ, vergessen läßt, ist nur eine außerordentlich vulgäre Konzession an die konventionellen Ansprüche an ›richtiges‹ Dramenschreiben, eine Konzession, die Tschechov in seinen späteren Stücken nie mehr gemacht haben würde.

MARY McCARTHY

Kurt Tucholsky

Einen unsterblichen Humoristen in Tucholsky zu sehen, das kriegen wiederum nur die lieben alten Kameraden fertig, diese unsterblichen Zeitgenossen, die den Unterschied zwischen den Tucholskys und Heines aus Kameradschaft (und weil sie schlechte Augen haben) nicht mehr sehen können. MYNONA

Er steht links nicht von dieser oder jener Richtung, sondern ganz einfach links vom Möglichen überhaupt.

WALTER BENJAMIN

Iwan Turgenjew

Ich werde dieser Schreibweise nicht froh. Ich bewundre die scharfe Beobachtung und das hohe Maß phrasenloser, alle Kinkerlitzchen verschmähenden Kunst; aber eigentlich langweilt es mich, weil es so ganz unverklärt die Dinge wiedergibt … Wer so veranlagt ist, muß Essays über Rußland schreiben, aber nicht Novellen (…) Es ist die Muse in Sack und Asche, Apollo mit Zahnweh. Er hat Esprit und Geist, aber durchaus keinen erquicklichen Humor, überhaupt keinen Tropfen Erquicklichkeit.

THEODOR FONTANE

Ich bin eine weiche Birne – ein alter Lappen.

IWAN TURGENJEW

Mark Twain

The Autobiography of Mark Twain

Seine Frau, der er ergeben war, war ein Todfeind eben jener Grobheit der Sprache, die ein wichtiger Teil seiner Schreibweise ist. Ihr zuliebe dämpfte er seine natürliche Ungehobeltheit. Das wäre sehr interessanter Stoff für eine Autobiographie. Leider hat Twain nur in geringem Maß oder gar nicht die Gabe, eine solche Erfahrung zu objektivieren. Er hatte keine Kraft der Selbstprüfung. Er kann nicht sagen, wie er selbst ist; er kann dir auch nicht sagen, wie andere Autoren sind. Bret Harte zum Beispiel kommt auf diesen Seiten ausführlich vor. Wir erfahren, daß Harte unzuverlässig war, seine Freunde anpumpte, seine Frau sitzen ließ und insgesamt eine Nervensäge war; doch Bret Harte, der Mensch, wird nirgends deutlich. Twains Bericht von allem ist wie das Genörgel eines Langweilers über eine Bekanntschaft in einem Eisenbahnwagen.

ANTHONY POWELL

Tristan Tzara

Tzara war ein Experte für Skandale, die er bewundernswert zu seinem alleinigen Nutzen auszuschlachten wußte. Immer aufgeregt und herausfordernd, verkniff er sich keinen Angriff, keine Beleidigung. Zum höheren Ruhme Dadas, das heißt seiner selbst, verschonte er niemanden. In ihm war eine Art geistiger Kannibalismus, der ihn trieb, jede Initiative an sich zu reißen. Dabei war er nichts als ein Windmacher, der schlecht französisch sprach und sich einen zusammenhanglosen Telegrammstil zugelegt hatte, um Wörter aneinanderzureihen, die richtig zu verbinden er unfähig war. CLAIRE GOLL

Ludwig Uhland

Ludwig Uhland ist gestorben (...) Seine Freunde verlieren wenig an ihm; er hatte wenig zu geben und war fest in sein Talent eingesperrt, wie Robert Schumann. Die Literatur verliert gar nichts; er hatte nur einen Frühling, keinen Sommer und keinen Herbst, denn seine Dramen überschätzte ich ehemals, und in allem, was er sonst betrieb, konnte ihn der mittelmäßigste Fach-Gelehrte ersetzen. Er selbst muß auch von der Welt genug gehabt haben; er zählte 76 Jahre. FRIEDRICH HEBBEL

John Updike

Ich bin nicht eifersüchtig auf Updikes Erfolg. Ich wundere mich nur, daß man mit seinem Zeug Geld machen kann. HAROLD BRODKEY

Paul Valéry

Valéry hat es noch genauso mit den »Sinnen« und »dem Geist« wie Pascal, eine rein gesellschaftliche Arabeske, ein Nachzügler, der sich in der sublimsten Weise empfindet und sich und uns in der erstesten langweilt.

GOTTFRIED BENN

Manchmal verleiht der Vers den widerlichsten Dummheiten eine aphoristische Schärfe, und oft wird der Vers zu unpoetischen Zwecken benutzt, um die Anämie der Gedanken und die Magerkeit der Phantasie zu maskieren (siehe Paul Valéry).

ALBERTO SAVINIO

Rahel Varnhagen

Das Buch Rahel

Aus dem ganzen dickbogigen Buch weht der veilchenartige Leichenduft neuzeitlicher fürnehmer Weltbürgerschaft. Es ist die Leichenbühne (lustrum doloris) des neuen volkstumlosen, jüdelnden und junkernden Weltbürgertums, der geistige böhmische Mädchenkrieg einer vergeistigten brustlosen Mannmacherin, ein geistiges Buhlhaus einer Verschlossenen.

FRIEDRICH LUDWIG JAHN

Karl August Varnhagen von Ense

Varnhagen lügt gern!

ARNO SCHMIDT

Es ist lamentabel, daß Varnhagen diese Schweinehunde, diese jungdeutschen Dichter unterstützt. Das kommt von seiner Judensucht her, durch die er das Christliche verlor.

JUSTINUS KERNER

Briefwechsel mit Alexander von Humboldt
Das ist der skandalöseste Briefwechsel, der je das Licht der Welt erblickt hat; es ist ein Spucknapf, der lebendig wird.

FRIEDRICH HEBBEL

Tagebücher
Bisher hielt ich die Schlange für die gefährlichste Bestie, jetzt sehe ich aber, daß ein Kammerdiener, der sich sein lebenslang vergebens um eine Stelle bemüht, sie an Bosheit und Giftigkeit bei weitem übertrifft.

FRIEDRICH HEBBEL

Lope de Vega
Lope immer roh und geschwollen. (Die Religion mannichmal wie im Klopstock.) Sein Schwung nicht aeschylisch, sondern höfische Aufgeblasenheit (in der Mitte zwischen dem Ton zur Zeit der ersten Caesaren und dem französischen Utriren.)

FRIEDRICH SCHLEGEL

Paul Verlaine
Als der Name Verlaine fiel, von dem ich sagte, daß er aussehe wie ein Kalmückenfaun, erzählte mir La Gandara, daß er ihn vorgestern gesehen habe: er war sternhagelvoll und bewirkte durch sein lebhaftes Gespräch mit einer Frau, daß die Leute auf der Straße sich um ihn versammelten; angesichts der merkwürdig ängstlichen Miene der Frau fragte La Gandara Verlaine, was denn los sei; der Dichter erwiderte, daß er ihr gerade den Othello erzähle.

EDMOND & JULES DE GONCOURT

Jules Verne
Ich bin gezwungen, seinen Erfolg zur Kenntnis zu nehmen. Sicher ist Monsieur Verne zur Stunde der Schriftsteller, der sich in Frankreich am besten verkauft. Das hat nun allerdings keinerlei Bedeutung im Zuge der derzeitigen Literatur, denn Alphabete und Gebetbücher werden auch in beträchtlichen Mengen abgesetzt. EMILE ZOLA

Alfred de Vigny
Eloa
Man wird es kaum für möglich halten – und doch ist es Tatsache –, daß dies unglaubliche Gemisch aus Abgeschmacktheit und Gotteslästerung von einer großen Stadt mit 80 000 Einwohnern, dem in Paris sogenannten Faubourg Saint Germain, begeistert gefeiert wird.
STENDHAL

Er hatte einst Geist: Jetzt ist er nur noch ein Poseur. Er ziert sich, spitzt die Lippen, um ein Wort vorzubereiten, das nicht heraus will, und schwatzt gekünsteltes Zeug. Er bringt seiner Person eine abgöttische Verehrung entgegen und hält sich für so bedeutend, daß er bei Sonnenschein seinen Schatten betrachtet, um das Vergnügen zu haben, sich vorbeigehen zu sehn. Übrigens hat er aus Furcht vor einem Mißerfolg seine Schreiberei aufgegeben.
HORACE DE VIEL-CASTEL

Walter von der Vogelweide
Es ist die Frage, ob man Walter von der Vogelweide einen eigentlichen Dichter nennen kann. *Dichterische Glut und Phantasie fehlen beinahe ganz.* Mitunter hat er höchst glückliche *Wendungen,* sie sind aber selten.
FRANZ GRILLPARZER

Voltaire

Ich langweile mich in Frankreich, hauptsächlich weil jedermann Voltaire ähneln möchte.
Emerson hat Voltaire in seinen »Repräsentanten der Menschheit« vergessen. Er hätte ein hübsches Kapitel schreiben können, betitelt: *Voltaire oder der Antidichter,* der König der Maulaffen, der Fürst der Oberflächlichen, der Antikünstler, der Prediger der Portiers, der Père Gigogne der Redaktoren des »Jahrhunderts«.

CHARLES BAUDELAIRE

Sechzig Jahre lang versorgte Voltaire das Theater mit Tragödien, in denen er, ohne Rücksicht auf Glaubwürdigkeit der Charaktere oder Legalität der Mittel, die Personen bei jeder passenden und unpassenden Gelegenheit seine eigenen philosophischen Grundsätze deklamieren ließ. Er überschüttete Paris mit hübschen Bagatellen, in denen sich die Philosophie einer allgemein verständlichen witzigen Sprache bediente, die sich lediglich durch Reim und Metrum von der Prosa unterschied. Und diese Leichtigkeit wurde als Gipfel der Poesie angesehen!

ALEXANDER S. PUSCHKIN

Er ist die Perfektion der Mittelmäßigkeit. Ein Jahrmarkt, weiter nichts.

JULES & EDMOND DE GONCOURT

Und wenn er auch noch ein halbes Jahrhundert citoyen de Potsdam geblieben wäre, würde er nicht Eine Zeile vom »Faust« kapiert haben.

KARL GUSTAV VON BRINKMANN

Voltaire wurde je älter desto affenähnlicher – aber vielleicht wär's ja auch zuviel: klug *und* gleichzeitig schön zu sein?

ARNO SCHMIDT

Candide
Voltaire war spirituell unmusikalisch. Er träumte nie. Die Welt Goethes und Kants hätte sich ihm nie erschlossen, geschweige denn jene Hölderlins. »Candide« ist ein flaches Buch, es ist nicht tief, es ist nicht reich, es ist nur witzig, verzweifelt und wahr. DANIEL KEHLMANN

Voltaire, Crébillon e tutti quanti
Bei jenen Schriftstellern ist es darauf abgesehen, die menschliche Natur herabzuwürdigen, jede edlere Regung in ihrer Reinheit verdächtig zu machen, besonders alle Sittsamkeit für Lüge und Heuchlerei auszugeben und es so vorzustellen, als ob die sinnliche Leidenschaft der Mittelpunkt alles menschlichen Handelns wäre und jeder Gedanke ständig ausschweifte.
AUGUST WILHELM SCHLEGEL

Johann Heinrich Voß
Ohrzerreißend waren auch die Kompositionen, die Voß nach Analogie Homers vornahm; aber man kann Männer dieser Art höchstens wegen ihres schlechten Geschmacks bedauern, anklagen niemals … WILHELM HAUFF

Vossens »Luise« ist der episch homerisierte Iffland vom Lande: »Und sie tranken des schwärzlichen Kaffees die reichliche Menge.« FRIEDRICH SCHLEGEL

Vorzüglich tobt er auf jakobinische Weise gegen Adel und Priester; doch bei weitem am meisten wider den Adel, der, wie er behauptet, Papsttum und Jesuiten einführen wolle, um wieder die Herrlichkeit, deren er im finstern Mittelalter genossen zu gewinnen. – Er führt falsche Facta gegen mich herbei und verleumdet sowohl meinen Bruder als viele meiner Freunde, die einst auch die seinigen waren. Ich muß wider ihn schreiben, weil nur mir die erforderlichen Angaben gegenwärtig sind. Es ist eine so verdienstliche als undankbare Arbeit, aber notwendig, weil er mich lügend mehr als einer Lüge und anderer Greuel zeihet.

FRIEDRICH LEOPOLD GRAF VON STOLBERG

Den Voßischen Almanach habe ich gesehen. Er ist miserabel.

FRIEDRICH SCHILLER

Man sieht, daß Voß auch keine entfernte Ahndung von dem inneren Geist des Gedichts und folglich auch keine von dem Geist der Poesie überhaupt haben muß, kurz keine allgemeine und freie Fähigkeit, sondern lediglich seinen Kunsttrieb, wie der Vogel zu seinem Nest und der Biber zu seinen Häusern.

FRIEDRICH SCHILLER

Robert Walser
Das Hohelied der Arbeitsscheu. ARNO SCHMIDT

Jakob Wassermann
Denn innerlich sind Sie ja kein Fünfziger, Feuchtwanger, das ist glatte Irreführung und Lausbüberei. Thomas Mann, der in Sanary so reizend und menschlich war, war mit fünfzig fünfzig, und G. Hauptmann war mit fünfzig schon siebzig, und Wassermann, der Arme, war immer fünfzig, auch als er erst die »Renate Fuchs« schrieb.
ARNOLD ZWEIG

Frank Wedekind
Er konnte nicht im Walde so für sich hin gehen – er war immer hinter einer Frau her. ALBERT EHRENSTEIN

Josef Weinheber
Wenige Wochen vor seinem gerühmten Führer beging er wie dieser Selbstmord, der nur pure Selbstüberschätzung war, weil er geglaubt hatte, zur Rechenschaft gezogen zu werden! HERMANN HAKEL

Franz Werfel
Wenn ich sage, daß Franz Werfel Kitsch ist, dann *muß* ich zugeben, daß Edgar Wallace auch Kitsch ist. Aber das kann mich doch höchstens abhalten, den Werfel zu

lesen. Den großen Wallace laß ich mir doch nicht nehmen!
BERTOLT BRECHT

Friedl Feuermaul.
ROBERT MUSIL

Franz Werfel *war* Dichter und wurde *dann* Erfolgsschriftsteller.
WERNER KRAFT

Es fiel mir ein, daß sein Mund dem eines Karpfens glich und wie sehr sein glotzendes Auge dazu paßte ... Aus dem Spiel blieben aber auch, da wir im Konzert stumm dasaßen, die Worte, in deren pathetischer Geläufigkeit er ein Meister war. Auch ich war sonst nicht auf den Mund gefallen, aber beide schwiegen wir, konzertergeben, und vielleicht war schon in dieser ersten Begegnung unsere Feindschaft entschieden, mit der er auf das schwerste in mein Leben eingegriffen hat, seine Feindschaft und mein Widerwille.
ELIAS CANETTI

Gespräche, in denen er immer das große Wort führte, besorgte er stehend. Einfälle standen ihm häufig zu Gebote, die er aber durch viele Worte gleich verdarb. Man hätte über ihn nachdenken mögen und wünschte sich eine Pause, einen Augenblick, einen einzigen, nicht mehr, die Stille, aber schon kam die Wortflut und spülte alles wieder weg. Er empfand alles als wichtig, was von ihm kam, das Dümmste klang so eindringlich wie das Ungewohnte und Überraschende. Ohne Gefühl war er nichts zu sagen imstande, das entsprach seiner Natur, aber es entsprang auch seiner tiefsten Überzeugung. Seine Lobesworte hielt er für Menschenliebe. Wissen verabscheute er wie Überlegung. Um ja nicht zu überlegen, platzte er gleich mit allem heraus. Da er vieles von anderen hatte, das bedeutend war, tönte er oft, als sei er selber die Quelle großer

Dinge. Er schwappte über von Gefühl, kleine Teiche davon erwartete man auf dem Boden um ihn zu finden und war beinahe enttäuscht zu sehen, daß es um ihn so trocken blieb, wie um andere. ELIAS CANETTI

Ich hasse Werfel, nicht weil ich ihn beneide, aber ich beneide ihn auch. Er ist gesund, jung und reich, ich in allem anders. FRANZ KAFKA

»Ich bin der Dichter Werfel –
haben Sie kein Bederfel?« ALFRED KERR

Hier als Draufgabe noch ein Gedicht von Werfeles für den Katholikentag in Prag, wo von Großösterreich, Jesuiten im All, vom guten alten Kaiser und seinen Herren Eltern gedichtet ist, in einer Form, die gut wäre für den Karl Kraus, ein bissl näher studiert zu werden. OSKAR KOKOSCHKA

Das Lied von Bernadette
Ein gut gemachtes, schlechtes Buch. THOMAS MANN

Ernst Wiechert
Das Ganze so richtig treudeutsch biedermännisch und innig. Die Sorge um das Volk und seine Jugend! Mein Gott! Wer noch dran denkt! Diese crapule, ob jung oder alt, einen Dreck geht es mich an! Im Grunde haben sie ja alle nichts Böses weiter erlebt, als daß mal ein Buch nicht den rechten Erfolg hatte und ein anderer mehr Auflagen. Im Grunde sind ja *das* Literaten. Rührend auch die Furcht vor dem »Anarchischen«. Es soll doch im Grunde alles wie im Dorf zugehn. Harmlose Insekten!
GOTTFRIED BENN

Christoph Martin Wieland

Wieland und Bürger würden zusammen einen guten Dichter machen. FRIEDRICH SCHLEGEL

Wieland wird Supplemente zu den Supplementen seiner sämtlichen Werke herausgeben, unter dem Titel: Werke, die ich sogar für die Supplemente zu schlecht halte und völlig verwerfe. Diese Bände werden aber unbedruckte Blätter enthalten, welches sich besonders bei dem geglätteten Velin schön ausnehmen wird. FRIEDRICH SCHLEGEL

Wieland ist nicht einmal parodibel.
FRIEDRICH SCHLEGEL

O! Der infame französische Hundsfott! Dieser Venerische Dichter! Das Schändliche Genie! E. T. J. BRÜCKNER

Ich kenne kein Produkt von Wieland, das sich durch Größe auszeichnete. THEODOR KÖRNER

Wieland hat die sonderbare Gewohnheit, einen hart und rund ausgesprochenen Satz nach und nach so lange zu mildern und zu umschränken, bis die ganze Sentenz ihre völlige Kraft verliert. KARL AUGUST BÖTTIGER

Nach »Idris« und in »Musarion« sehen wir endlich die von so vielen Maskeraden und Abenteuern stark mitgenommene Liebe in der mittleren Schwebe zwischen sogenanntem Platonismus und ordinärer Sinnlichkeit, zwischen Seraphim und Kobold, als breite Sentimentalität sich zurechtsetzen, Zucht und Unzucht gemütlich miteinander verkuppeln. In dieser Kuppelei aber sind die Grazien gezeugt, für deren Dichter Wieland gilt; griechische Hetären, die auf französisch von Tugend plaudern und vor den Spiegeln ihrer Boudoirs in künstlichen Ballettstellungen die verlorene Unschuld nachmachen.

JOSEPH VON EICHENDORFF

Politische Schriften
Anfangs ein entschiedener Kosmopolit, predigte er enthusiastisch Freiheit und Brüderlichkeit des ganzen Menschengeschlechts. Als aber die Französische Revolution praktisch Ernst damit machte, erschrak er vor den Konsequenzen seines eigenen Systems, wurde ein ebenso entschiedener Royalist und erklärte jene Ideale für Schimären, bis er zuletzt, um es weder mit den Konservativen noch mit den Demokraten ganz zu verderben, sich in den philosophischen Schlafrock einwickelte und in seine Schneckenhäuslichkeit zurückzog, wo es ihm für das sicherste Kriterium eines guten Herzens galt, die Menschen nach Gefallen und höchstens mit einem schlauen ironischen Lächeln rechts oder links gehen zu lassen.

JOSEPH VON EICHENDORFF

Oswald Wiener
Berlin: besuchte dort die Kneipe von Oswald Wiener, na und? Oswald Wiener, na und?

ROLF DIETER BRINKMANN

Oscar Wilde
Was verbindet Oscar Wilde mit Kunst? außer, daß er an unseren Tafeln speist und aus unsern Schüsseln die Rosinen klaubt für den Kuchen, den er in der Provinz verhökert. Oscar – der liebenswürdige, verantwortungslose, gastronomische Oscar – der so wenig weiß, was an einem Bild stimmt, wie ob ein Rock richtig sitzt, hat den Mut einer Meinung ... von anderen.

JAMES A. McNEILL WHISTLER

Oscar Wilde erwähnen heißt, einen Dandy erwähnen, der außerdem ein Dichter war, heißt das Bild eines feinen Herrn beschwören, der nichts weiter beabsichtigte, als mit Krawatten und Metaphern Aufsehen zu erregen.

JORGE LUIS BORGES

Jemand aus Oscar Wildes Bekanntschaft schrieb ihm, daß er niemals ein richtiger Gentleman würde, weil er zu ausgesucht gekleidet und sein Stil zu sehr ›poliert‹ sei. Dasselbe läßt sich über seine Kunst sagen. Es gibt etwas wie outré in allen Arbeiten von Wilde, das einem die Marquess of Queensberry sympathisch macht; dieser Bursche ist wirklich unerträglich. MARY McCARTHY

Was hätte ein Grieche (erzogen in der Anerkennung dessen als ›natürlich‹, was Oscar Wilde für köstlich ›unnatürlich‹ hielt), was hätte Alkibiades, als hervorragender Musterfall, von der ›Verruchtheit‹ dieses fetten Dubliner Buffos gehalten! Der wäre ihm doch kaum anderes als der Gegenstand erstaunten Hohns gewesen. Und doch hat dies alberne alte ›Laster‹ und der verblüffende Reklamewert, der ihm eignete, drei Jahrzehnte lang unsere Gesellschaft verstört. WYNDHAM LEWIS

Thornton Wilder

Der Mensch, sagt Thornton Wilder, wird von Zeit zu Zeit ganz aufgeblasen vor Stolz und Wohlhabenheit, er wird neidisch, habgierig und lüstern, vergißt seine ehelichen Pflichten und hurt mit Weibern herum; Vorboten des Unglücks erscheinen, doch er ist zu verblendet, um sie wahrzunehmen; am Ende kommt er durch die Unterstützung einer kleinen Frau, die nie irgendeinen Anteil an Lust und Weisheit nahm, gerade noch mal davon. Sicut erat in principio … MARY McCARTHY

Anton Wildgans

Schwarz auf Rot waren sich darin einig, an Anton Wildgans einen großen Dichter verloren zu haben.

ROBERT MUSIL

Gabriele Wohmann

Gabriele Wohmann oder: Mein Psychoanalytiker hat gesagt, ich solle mehr schreiben. HANS WOLLSCHLÄGER

Christa Wolf

So gnadenlos künstlich, daß die Kritik in seltener Einmut sofort von »Kunst« quasselt. Klassisch! KLAUS MODICK

Von gelegentlich schamloser Überschätzung lebte die DDR-Literatur. MARTIN R. DEAN

Hans Wollschläger

Dieser trostlose Karl-Kraus-Komplex also, der jeden etwas mehr als durchschnittlich intelligenten Schreiber eine pubertäre Phase lang plagt, aber mit dem man doch bitte nicht lebenslänglich hausieren geht, weil der Feind nicht das falsche Deutsch, sondern das falsche Denken ist.

RAINALD GOETZ

Wolf Wondratschek

»Carmen oder bin ich das Arschloch der achtziger Jahre«: Wieso eigentlich erst der achtziger Jahre?

VOLKER KRIEGEL

Virginia Woolf

Sie ist völlig unbedeutend ... niemand nimmt sie heute mehr ernst. WYNDHAM LEWIS

Nichts Interessantes gelesen. Ein ermüdendes Buch von Virginia Woolf – *Orlando* –, das so furchtbar literarisch und versponnen ist, daß nichts übrigbleibt. Es ist wohl das erschöpfendste Vakuum, das ich kenne.

ALDOUS HUXLEY

William Wordsworth

Wordsworth der englische Homer? Horaz sagte, der gute Homer schlafe bisweilen ein. Bei Wordsworth könnte man eher sagen, er wache bisweilen auf. LORD BYRON

Emile Zola

Ich glaube nicht, daß ich je etwas so vollkommen *Langweiliges* gelesen habe wie »Nana« (dies – unter uns). Es ist zum Sterben prosaisch und kleinlich; und die wenigen unflätigen Wörter darin, die wie poetische Pfefferkörner sind, reichen nicht aus, den faden Geschmack dieses Breies zu heben. GUSTAVE FLAUBERT

Zola! –: das ist der stumpfe, grobe Barbar. Seine Kraft verhält sich zu der Goethes wie die Kraft eines Rollkutschers zur Kraft des Phidias. Er rollt Fässer, Oxhofte, eins nach dem anderen, während Phidias ein Stückchen Elfenbein aufhebt und in die Stirne seines olympischen Zeus einfügt. Das Plättchen Elfenbein ist wahrlich kein Oxhoft, und doch ist die Macht und die Kraft auf seiten des kunstreichen Bildners. Und wahrlich, der Rollkutscher Zola ist nichts weniger als ein zerfahrener Mensch, Phidias aber ist es und Goethe ist es.

Ja, Goethe ist zerfahren wie die hundertjährige Linde, deren Stamm sich in unzählige, starke Äste teilt. Alle greifen aus und auf in die Luft und das Licht. Aber es ist nur, in allen feinsten Verästelungen, um mit recht vielen hunderttausend grüner Blätter Leben zu saugen, um mit recht vielen Myriaden Blüten der Schönheit Räucheropfer zu bringen.

Was haben wir auf die Dauer mit Zola zu schaffen! was mit Tolstoi? Soll denn Alexander zu Diogenes betteln gehn? Wir wollen weder Arbeiter noch Bauern werden, sondern Schöpfer und Baumeister. GERHART HAUPTMANN

Auch ich habe einige Teile von »L'Assommoir« gelesen. Sie haben mir mißfallen. Zola wird eine Preziöse, anders herum. Er glaubt, daß es energische Wörter gibt, so wie Cathos und Madelon glaubten, daß es edle gäbe. Das *System* führt ihn in die Irre. Er hat Prinzipien, die ihm das Gehirn schrumpfen lassen. Lesen Sie seine Feuilletons vom Montag, Sie werden sehen, er glaubt, den »Naturalismus« entdeckt zu haben. Was die Poesie und den Stil betrifft, die beiden ewigen Elemente, so erwähnt er sie nie. GUSTAVE FLAUBERT

Ich gebe die Lektüre von »L'Œuvre« auf, dem schlechtesten Buch Zolas, an das ich mich erinnere. Das Drama, das man aus dem Kampf zweier ästhetischer Konzeptionen entspringen zu sehen wünscht, ist kläglich auf Kindereien reduziert. Zola scheint den Akademismus als einzigen Feind des Naturalismus zu verdächtigen, und er findet auch noch die Mittel, die Nöte seines Claude auf erbliche Mängel zurückzuführen. Das eigentliche Thema, das bewundernswert sein könnte, wird nicht einmal angedeutet. Man macht einen groben Fehler, wenn man einem Helden nur einen unbedeutenden Gegner gegenüberstellt; so inszeniert, erzeugt der Kampf eines Künstlers kein wirkliches Interesse. Das Geschwätz seiner Farbenkleckser und selbst die Glaubensbekenntnisse der Besten sind von entmutigender Einfalt. Hierin muß man den Verleumdern Zolas schon recht geben. ANDRÉ GIDE

Zola und Daudet sind eben die gleichen Glücks- und Geldsüchtler wie die Tröpfe, die sie beschreiben, und da es mehr unanständige und unwissende Leser gibt als anständige und gebildete, so ist die Rechnung bald gemacht, und das edle, wohlgeborene Töchterchen Phantasie wird in den Sumpf gestoßen. GOTTFRIED KELLER

Zola ist, von der Seite des Gemütslebens her betrachtet, ein Bauer, und er schreibt nicht vornehm für eine Elite, sondern für die Menge. Zola hat als Schriftsteller das Wesen des Verkehrsdirektors, und seine Stimmungsanalysen sind äußerst dürftig. Seine Bücher sind Güterwagen voll gängiger, gefragter Haushaltsartikel; mit ihnen durchstreift er die Welt. Er beschäftigt sich hauptsächlich mit den großen breiten Impulsen der Menschenseele, den allgemeinsten Empfindungen und Trieben. Will er diesen Rahmen einmal sprengen – wie zum Beispiel in seinem letzten Buch – so entgleist er, das heißt: er konstruiert sich vorwärts. Seine kolossale Bauernvernunft verwertet Dünger und Abfall, Schlacken und Gossenschlamm, alles miteinander fließt in seine Dichtung zu Nutz und Frommen für seine Leser aus dem Volke. Er wird nicht müde, noch und noch zu schildern, wie die Menschen sich betrinken, wie man einander betrügt, wie man einander mordet, einander verführt, wie Mann und Magd miteinander sündigen. – Der Mann kennt nur die allertypischsten Seelenregungen, und sie sind es, die er schildert. KNUT HAMSUN

Zola bemüht sich redlich um den Nachweis, daß wenn er schon kein Genie besitzt, er zumindest dumpfe Langeweile verbreiten kann. Und wie er das kann! Zolas Charaktere haben trübsinnge Laster und noch trübsinnigere Tugenden. OSCAR WILDE

Carl Zuckmayer

Die komischste Begegnung, die ich hatte, war Zuckmayer in München. Da saß ich im Hotel Vier Jahreszeiten, etwas abseits saß Zuckmayer, und plötzlich erhob er sich und kam mit einer ungeheuer süßen Weinfahne zu mir herüber, stellte sich vor meinen Tisch und sagte: »Sie halten meine Stücke für Scheiße.« Darauf sagte ich: »Herr Zuckmayer, das haben Sie sehr gut formuliert.«

FRIEDRICH DÜRRENMATT

Arnold Zweig

Immerhin ist mir Tucholsky in diesem Briefwechsel weniger unsympathisch als der Arnold Zweig, aus dessen Gehaben eine gewisse üble Sattheit düftet ... »Sehn Sie, Tucholsky, ich betrachte diese Dinge viel gelassener als Sie.« Sein Ich, die Familie, die Juden, die Deutschen, die Welt – all das geht in ihm durcheinander, die 10 Gebote und der Popo. Die Reihenfolge, und mag er sie auch vermischen, verrät, wie äußerlich so ein Solcher noch im Innern gerät. *Er* aber ER vor allem hat's geschafft, und Europa kommt ihm so langsam nach, seiner superfeinen Kultur. Er kommt vergnügt aus der Badewanne. Hoch (wie seiner Zeit Maria Theresa) hält er seinen Säugling – ahhhhh – .

MYNONA

Stefan Zweig

Ein braungebrannter Salontiroler mit strahlendem weißen Hemd und grünen Hosenträgern an der Lederhose.

HERMANN HAKEL

Gerhard Zwerenz

Es gibt Leute (und ich zähle zu ihnen), die nach 26 Jahren Zwerenz-Präsenz sogar den Namen »Zwerenz« für nicht koscher halten – für Schwindel oder zumindest ein Pseudonym. Denn irgendwo hat es ein äußerst Schlüssiges, daß einer, dessen Existenz sich von Beginn an und so gut wie exklusiv der Reklame, der krähenden Eigen-PR durch dick und dumm, dankt, die Gelegenheit sich nicht entgehen läßt, in Lexiken, Anthologien, Registern, nicht zuletzt auf den berühmten Unterschriftslisten unserer deutschen Unterschriftsteller den allweil plakativen Schluß zu zieren: ahnend zurecht, daß solch unübersehbares Schlußlichtdasein abermals für die PR und mithin für den Buchabsatz gut sein könnte, ja müßte!

ECKHARD HENSCHEID

NACHWORT

Natürlich stimmt die Stilisierung der Zitate, die wir gesammelt haben, unter den Begriff »Beschimpfungen« nicht ganz. Was die Poeten und Schriftsteller da übereinander vorbringen, und untereinander austragen, ist mehr und anderes als nur willkürliche Beschimpfung, jedenfalls in den meisten Fällen. Doch schon die Lust, solche Attacken zu sammeln, in der Lektüre quer durch die Jahre immer solche Invektiven zu notieren, hängt auch mit der Lust zusammen, daß da endlich einmal subtil boshaft und ziemlich oder ganz unsublimiert die Dichter aufeinander losschlagen, und man selbst als Leser händereibend-voyeuristisch dabei sein darf. Ein Fest ist die – manchmal feierliche, manchmal kalkuliert formlose – Durchbrechung eines Verbots, sagt Freud, und hier, in den Beschimpfungen der Dichter durch die Dichter, wird das Tabu des Feinsinns als Inbegriff der Sublimation öffentlich bzw. halb öffentlich gerade von denen durchbrochen, die wie Inbegriffe der Vergeistigung sich öffentlich aufzuführen haben, da sie ja immer noch – ›irgendwie‹ – fürs Gute, Schöne und Wahre stehen; eigentlich dürfen sie sich jedenfalls nicht so selbstverständlich gemein, verlogen und rücksichtslos aufführen wie etwa Politiker, von denen wir es per Beruf und Begriff schon gar nicht mehr anders erwarten. Aggressivität aber erscheint nirgends voraussetzungslos, taucht auch kaum je total isoliert und begründungslos auf, und selbst wenn der Spaß an den bis zur Gemeinheit reichenden Boshaftigkeiten als Ingredienz bei der Lektüre der Sammlung von Dichterbeschimpfungen nicht weg zudenken ist – Dichter beschimpfen Dichter. Ein Schlachtfest – und als Pfeffer an dieser Mahlzeit auch unbedingt nötig, so wird man doch nach einiger Zeit des Sammelns nachdenklich. Erstens verrät diese

Aggressivität, der Generalnenner für viele der gesammelten Sätze, offenbar grundsätzlich etwas über Produktionsbedingungen der Schriftsteller, über psychologische Konditionen, über die (wenn man's ganz hochgestochen haben will) kreativitätspsychologischen Voraussetzungen der Autoren. Zweitens ist kaum eine der Beschimpfungen nur ein willkürliches Aus-der-Rolle-Fallen oder Ausdruck puren Neids und die reine Ungerechtigkeit; zieht man ein Element des Groben und Überdrehten ab, so sind fast alle der Attacken auch lesbar als Bausteine für eine literaturkritische Position, als literarästhetisches Argument.

»Denn es läßt der Gott nicht zu, daß ein anderer außer ihm sich für groß erachte« – was Herodot in den Historien (VII, 10) über die Rivalitäten der Götter sagt, gilt, wie uns Harold Bloom auf den ersten 20 Seiten von »Anxiety of Influence« (1973) gezeigt hat, auch für die Poeten untereinander. Zuzugeben, daß früher lebende oder mitlebende Autoren auch Großes geleistet haben, etwa gar Großes, von dem man gelernt hat, bringt offenbar der Narzißmus der Poeten kaum über sich; man gibt oder gäbe ja damit zu, daß man nicht alles aus sich selbst schöpfte, sondern von der Schönheit anderer borgte, auf den Schultern anderer steht, und das vermindert die Zuneigung oder das Recht auf die Zuneigung der Leser, von der man doch möglichst viel auf sich zu vereinigen hofft. Umgedreht und ins scheinbar Absurde weitergetrieben, steckt dieser Sachverhalt in der Formulierung Walter Kempowskis, der gerade in seinem Tagebuch »Sirius« (1990) besonders offen und im Ton unterspielt etwas von jener nicht enden wollenden Ranküne, von jener ewigen Konkurrenz verrät, die ihm unablässig durchs Gemüte zieht und keinen Autor – insbesondere bei Musterung derjenigen seiner Zeitgenossen, die ihm gefährlich werden könnten im Kampf um die Publikumsgunst – auch nur eine Sekunde verläßt: »Ich verstehe es absolut nicht, daß es Menschen gibt, die mich nicht mögen.« Sprich:... daß es Menschen gibt, die andere Schriftsteller lieben und daher die bodenlose Frechheit besitzen, mir nicht hundertprozentig ihre Zuneigung zu schenken, ja eventuell gar nichts von ihrer Zuneigung abzugeben. Als hätte er ein Lehrbuch über ›positive thinking‹ gelesen, formuliert es Paul Scheerbart; menschenfreundlich und zuversichtlich klingt es, wenn er 1897 in einem Brief an Otto Julius Bierbaum schreibt: »Es wird, glaub ich, immer Dichter geben – die sich sympathisch sind.« Man kann da aber Scheerbarts Überraschung heraushören darüber, daß es doch auch Dichter gibt, die sich sympathisch sind; denn die Regel ist das offenbar nicht, und das wußte auch der gute Paulemann. Das schöne Bild vom Pantheon, vom Dichterolymp, von der Ruhmeshalle täuscht; »Poets' Corner« in der Westminster Cathedral scheint nur befriedet zu einem feierlichen Nebeneinander, weil alle Bewohner tot sind; wie's wirklich zugeht, zeigen eher die Ereignisse auf der IRAS-Insel, der schwimmenden »Egghead Republic«, wie sie Charles Henry Winer im Jahr 2008 in Arno Schmidts Roman »Die Gelehrtenrepublik« (1957) besucht hat bzw. besuchen wird. Meist gönnen die Poeten einander weder den Erfolg noch den Ruhm, weder die Honorare noch die Liebe des Publikums, oder doch nur dann, wenn sie sicher sind, daß sie selbst davon mehr abgekriegt haben als der in Frage stehende andere oder wenn dieser schon tot ist – doch wie gesagt, selbst da leugnen sie am liebsten noch oder spielen bis zur eiskalten Verleugnung herunter, was sie toten Kollegen verdanken. »Ein Gedicht ist der Feind des andern«, hatte Brecht erkannt; »Ein Baum erstickt ja auch den andern«, notierte Georg Christoph Lichtenberg lateinisch in seinem 1992 edierten Notizbuch »Noctes«. Objektiver formulierte das Problem Theodor W. Adorno in seiner Bemerkung, daß das Bild vom friedlichen Nebeneinander der großen Werke ja auch an deren Wahrheits- und Erkenntnisanspruch frevle: in dem Moment, da Kunst noch mit Bezug auf Wahrheit gedacht werde, könnten nicht zwei Kunstwerke friedlich nebeneinander existieren, die jeweils ganz anders zu ihrer Epoche stünden, einen ganz anderen Begriff von ihr enthielten bzw. behaupteten; Friede herrsche nur unter der Voraussetzung nicht nur von Toleranz, sondern von Relativismus. Wenn literarische Stile, Intentionen, Werke noch ernsthaft etwas wollen, muß zwischen ihnen Krieg walten; Pluralismus herrscht höchstens nolens volens auf dem Markt, und die Autoren müssen sich damit abfinden. Im Bewußtsein der Dichter aber gibt es keine friedliche Koexistenz der Dichtarten; da schließt eine Dichtungskonzeption die andere absolut aus, und jene persönlichen Sympathien, von denen Scheerbart oben spricht und die es natürlich bisweilen auch gibt, bringen höchstens so etwas wie einen begrenzten Waffenstillstand.

Und das nicht, weil Künstler noch schlechtere Menschen wären als die anderen Menschen, die ja schon schlecht genug sind. Sondern die Dichter und Schriftsteller brauchen wohl die möglichst ungestörte Überzeugung, eigentlich ganz alleine was zu taugen, um sich nicht aufs schwerste in Zweifel gestürzt und in ihrer Produktion beeinträchtigt zu sehen. Literarische Kreativität ist offenbar eine immer gefährdete Sache oder doch eine, von der ein Autor immer denkt, sie sei gefährdet, könne versiegen, müsse gepäppelt werden – man betrachte sich nur die geradezu tickhaften Zurüstungen, die magischen Rituale, die abergläubischen Umstände, die die meisten Autoren arrangieren, um günstige Produktivitätsverhältnisse zu schaffen. Ich kenne nur ganz wenige Autoren, die fröhlich schreiben; für die Haltung der meisten mag der so ehrliche wie unehrliche Satz Arno Schmidts stehen, lieber würde er sein Leben lang Scheiße schippen als schreiben. Und dennoch hat er immer bloß geschrieben, kann man spöttisch und obenhin dies seufzende Bekenntnis kommentieren, doch weil der Akt des Schreibens meist als ein so schmerzhafter, auch ambivalenter, körperlich keineswegs nur lustvoller Akt erfahren wird, darf er nicht zur quantité négligéable erklärt und muß er durch Abwertung anderer Werke aufgewertet, gerechtfertigt, glorifiziert werden. Nochmals Arno Schmidt klarsichtig über Kollegenschelten: »Es geht im Grunde doch lediglich darum, sich selbst in jenen Zustand schöpferischer Arroganz zu versetzen, ohne den nichts Namhaftes gelingen kann.«

Im übrigen können wir alle nur wenig Tadel vertragen, aber unendlich viel Lob, und wenn wir jemanden loben, der zugleich von einem anderen gelobt wird, der unser Konkurrent ist, so wird das Lob gleich gestrichen: Da wird blitzschnell aus einem Freund der Freund meines Feindes, und der kann nur mein Feind sein, bestenfalls eine Nicht-Person, wie der Verlauf einer Begegnung Elias Canettis mit Robert Musil in den dreißiger Jahren nach der Veröffentlichung von Canettis »Autodafé« zeigt: »Musil streckte mir die Hand entgegen, er lächelte nicht bloß, er strahlte, das fiel mir schon darum auf, weil ich der Überzeugung war, daß er sich ein öffentliches Strahlen nie erlaube. Er sagte: ›Ich gratuliere Ihnen zu Ihrem großen Erfolg!‹ Er habe erst einen Teil des Romans gelesen, aber wenn es so gut weiterginge, verdiente ich diesen Erfolg. Von diesem Wort ›verdient‹ aus seinem Mund war ich wie berauscht. Er sagte noch einiges sehr Positive dazu, das ich nicht wiederholen möchte, denn so wie die Dinge weitergingen, hätte er es später vielleicht zurückgezogen. Über diesen Worten verlor ich den Verstand. Ich spürte plötzlich, wie sehr ich auf sein Urteil gewartet hatte, vielleicht nicht weniger als auf das von Sonne. Ich war berauscht und verwirrt, sehr verwirrt muß ich gewesen sein, denn wie hätte ich sonst den peinlichsten Taktfehler begehen können?
Ich hörte ihn zu Ende an und sagte dann gleich: ›Und stellen Sie sich vor, ich habe einen langen Brief von Thomas Mann bekommen!‹ Er veränderte sich blitzrasch, es war, als hätte er

einen Sprung in sich zurück getan, sein Gesicht wurde grau und er war nur noch Schale. ›So‹, sagte er, streckte mir die Hand halb hin, so daß ich nur die Finger zu fassen bekam und wandte sich brüsk ab.
Damit war ich verabschiedet. Damit war ich für immer verabschiedet. Er war ein Meister der Distanz, er hatte darin Übung, wen er einmal verworfen hatte, der blieb verworfen. Wenn ich ihn unter Menschen sah, was im Laufe der nächsten zwei Jahre manchmal vorkam, richtete er nicht das Wort an mich, blieb aber höflich. Er ließ sich nicht mehr auf ein Gespräch mit mir ein. Wenn in Gesellschaft mein Name fiel, schwieg er, als wisse er nicht, von wem die Rede sei, und habe keine Lust, darüber Erklärungen einzuholen.«

Tendenziell sind die hier gesammelten Beschimpfungen ihrem Duktus nach weniger argumentativ als vielmehr auf die giftige bis deftige Pointe hin formuliert; sie sprechen mit beifallheischender Apodiktik, sind darauf aus, als scharfzüngige Häme Schadenfreude zu mobilisieren: such is human nature. Oder, wie Dr. Samuel Johnson kalt, pompös und scharfsichtig statuiert: »Pity is not natural to man.« Das ist keine Denunziation des Mitgefühls, sondern macht nur darauf aufmerksam, daß das Erlernen von Mitleid, Mitgefühl, ›compassion‹, eine Kulturleistung ist, die immer gefährdet bleibt. Und da wir alle und gerade auch die Dichter nicht ewig edel, hilfreich und gut sein können und obendrein ein Quantum an Aggressivität Voraussetzung kulturschöpferischer Leistung ist, haben die Beschimpfungen anderer Autoren und unsere Lese-Lust daran auch etwas Psychohygienisches, die Funktion der Triebabfuhr auf vergleichsweise harmlose Art. Zugleich sind die meisten der Attacken, Gifteleien, Herabsetzungen und Ablehnungen keineswegs halt- und bodenlos. Mag der ganze Literaturzirkus durch die Zeiten hindurch – und keineswegs nur der gegenwärtige sogenannte Literaturbetrieb – sich oft auch wie ein großes

Freigehege ausnehmen, in dem jede Krähe ungefähr jeder anderen Krähe in aller Öffentlichkeit (und sei es zunächst auch nur in der Heimlichkeit eines Briefes, mit dessen Veröffentlichung bzw. Weitertratschung man aber doch rechnen darf) ein Auge aushackt – was den Kasus kompliziert macht, ist, daß die Rivalität der Dichter um die richtige Poesie und ihre Konkurrenz um die Liebe der Welt – sprich: des Publikums – durch die Zeiten hindurch und möglichst mit dem Fernziel der Unsterblichkeit kaum je nackt, sondern fast immer nur legiert und amalgamiert erscheint mit intellektuellen und moralischen Argumenten; die sekundären Rationalisierungen für ihre primären Ausfälle, Hiebe und Tritte gegen die Kollegen in Apoll fallen den Dichtern, Schriftstellern und Literaten schon ein, sonst würden sie gar zu peinlich offen als Neidhammel dastehen. Somit aber haben die Beschimpfungen der Dichter durch die Dichter fast immer auch eine ›objektive‹ Seite, wo sie, durch die Boshaftigkeiten und die aggressiven, schneidenden Verletzungen hindurch, eben auch Bausteine zum Entwurf der jeweiligen Poetik und Kunstauffassung des Schimpfenden sind. Fast alle der vorstehend versammelten Beschimpfungen sind explizierbar als – sei's noch so verdeckte, von übelster Neigung zur Ehrabschneiderei überlagerte – Beiträge zu literaturtheoretischer Argumentation und Bruchstücke einer möglichen Ästhetik.

Es ist vielleicht gar nicht besonders fruchtbar, die kritischen Aussprüche der Poeten übereinander zu psychologisieren; man sollte sie vielleicht eher ernst nehmen und sich gewissermaßen ihren argumentativen, konzeptuellen Kern klarmachen oder sie doch zumindest als Akte der Ungerechtigkeit, aber eben der »ausgleichenden Ungerechtigkeit« (Arno Schmidt) zu sehen versuchen. Man nehme etwa Grillparzer, Hebbel und Gerhart Hauptmann, diese in jeder deutschen Literaturgeschichte bis vor kurzem prominenten, in Wirklichkeit doch eher mediokren Gestalten, durchweg leisetreterisch, grobschlächtig, frömmelnd, klein-deutsch (oder auch: klein-österreichisch), kurz: fatal deutsch im Sinne der unseligen Entwicklungen deutscher Literatur des 19. Jahrhunderts – es ist erheiternd und befreiend, wie Karl Kraus, Robert Musil und Walter Benjamin da deutliche Worte über die ganze unerträgliche Truppe verlieren, und man braucht gar kein Bilderstürmer zu sein, um darin einen lange ersehnten Beitrag zur Justierung der Maßstäbe zu sehen. Diese bänglichen, beschämenden Kleinigkeiten, die Grillparzer gegen Heinrich von Kleists Erzählungen vorbringt – da mußte doch einer mal dreinfahren! Und das braucht uns ja nicht daran zu hindern, dennoch etwa Grillparzers ausgezeichnet richtige Einschätzung der poetischen Kraft (= Unkraft) Alphonse de Lamartines zu teilen. Ehre, wem Ehre gebührt, aber bevor es zur Verwischung aller Qualitätsmaßstäbe kommt und keiner mehr ein klares Wort sagt, stimmen wir doch Ben Jonsons und Arno Schmidts Maxime im Literaturkampf zu, die da lautet: »I love a good hater.«

Die geistige Welt gliedert sich ohnehin nicht nach objektiven Urteilen, sondern eher nach geistigen Affinitäten, aber die Kumpaneien, Wahlverwandtschaften und kämpferischen Allianzen sind ja nicht aller Argumente bar. Mag Schillers Attacke auf Bürger pompös von oben herab gewesen sein und in ihrer abstrakten Besserwisserei, ihrer edlen Farblosigkeit schon die ganze Schwäche des klassischen Weimarer Literaturprojekts von 1790 bis 1805 präfigurieren – man kann Schiller seine Gemeinheit nicht vergeben, kann und muß aber übers Persönliche hinaus die literarästhetische Position erkennen, die dahintersteht. Die ganzen gesammelten Schimpfkanonaden lösen doch weit mehr aus beim Leser als nur Schadenfreude; sie steigern vielmehr die Lebendigkeit des Nachdenkens über Literatur, zwingen einen selbst zu neuem Nachdenken und wirken insgesamt aller Versteinerung entgegen. Ohne Schmerzen geht es natürlich nicht ab: Wie merkwürdig, daß ein Christoph Martin Wieland, der doch die Begabung Goethes, Kleists, Schopenhauers und Seumes erkannt hatte, dann so dümmlich-humorloses Zeug über den wunderbaren Jens Baggesen schreibt, dessen Herkunft von Laurence Sterne ihm ebenso wie Johann Wolfgang Goethe eingeleuchtet haben müßte, der ebenfalls grämlich gegen Baggesen und dessen hinreißend lebendigen Reisebericht »Das Labyrinth« (1791) loszieht. Oder: Was Grillparzer über Honoré de Balzac von sich gibt, vermehrt die Gründe unserer Verachtung für – Grillparzer; merkwürdigerweise vergibt man aber Arno Schmidt eher die Schiefheiten seines Verdikts über Balzac, offenbar deshalb, weil es erstens witzig vorgetragen ist und zweitens wenigstens eine winzige Poetik Arno Schmidts selbst liefert: das macht die temperamentvollen Sätze Schmidts in »Aus dem Leben eines Fauns« so vergnüglich durchsichtig auf ihren Pro-domo-Charakter.

Was schließlich sehr für diesen Umriß einer literarischen Ästhetik und eines möglichen Umgangs mit Literatur, zusammengesetzt aus Beschimpfungen, spricht: Man wird auf geradezu melancholische Weise dessen gewärtig, daß noch die größten Werke, die bedeutendsten Autoren ihre Grenzen und ihre Schwächen haben: Die Beschimpfungen wirken insgesamt der Idolatrie entgegen, sie weisen auf die Grenzen, die noch das höchste Werk, und die Schwächen, die noch der außerordentlichste Mensch hat. Albert Ehrenstein hat recht, wenn er eine gewisse volltönende Monotonie, eine Art unterschiedslos wohlklingende Pompositát für einen schwachen Zug der »Divina Commedia« (zumindest für uns heute) hält, und Alberto Savinio erkennt scharfsichtig den muffigen und bräsigen Provinzphotographen gewissermaßen als ein wichtiges Ingrediens jener genialen Erscheinung, die wir Gustave Flaubert nennen. Dichterbeschimpfungen als Antidot gegen eine Idealisierung poetischer Existenzen, gegen romantische

Künstlerkonzeptionen, als Hilfe beim Abbau von Anbetungen: »Ich bin gegen jeglichen Monotheismus; auch in der Literatur.« (Arno Schmidt) Über den Polytheismus der Literatur aber, über die Literaturgeschichte als ein Gefilde, auf dem Auf- und Abstiege und zufällig wie auch folgerichtig ausgehende Kämpfe und Verdrängungswettbewerbe stattfinden, Götter inthronisiert und wieder abgesetzt werden, über eine Phänomenologie der Etablierung einer literarischen Größe, die im einen Kontext so notwendig erfolgt wie im späteren dann wieder deren Sturz, ist gerade anhand der Dichterbeschimpfungen materialreich Vorlesung zu halten. »Es ist ein Buch zu schreiben über die Undankbarkeit gegen die Genies vergangener Zeit; nicht des Publicums, sondern der lebenden Genies; denn diese, wie seine Dichter, Philosophen, Moralisten, Politiker, Oeconomen, und was man will, fangen gewöhnlich damit an, daß sie vor den Augen des Publicums die Altäre der Verstorbenen ihres Faches zerschlagen; kein Wunder, daß dann die Verehrung derselben aufhört. Also ein Buch über die Undankbarkeit des Genies gegen die Genies! Aber ach! die Nemesis erwartet auch sie!« – man möchte meinen, hier habe einer den innersten Kern des Buches von Harald Bloom über die Leugnung dessen formuliert, was das Genie vom Genie lernte, das Phänomen der Unwilligkeit oder Unfähigkeit, großzügig und angstlos zu statuieren, was man von anderen gelernt habe. Doch das Zitat ist die Formulierung eines Projektes, das Friedrich Maximilian Klinger schon zu Ende des 18.Jahrhunderts erwog, jener Klinger, der lange genug den Dichtern verbunden und zugleich in der Distanz des russischen Hofmanns zu Deutschland und dem deutschen Dichterleben seine Beobachtungen zur Dankbarkeit als einem spirituellen Problem – und das heißt: einem Manko – hatte machen können.

»Der der deutschen Sprache innewohnende Instinkt scheint sich mit der Polemik nicht zu vertragen«, notierte Franz

Baermann Steiner im englischen Exil in den vierziger Jahren. Vielleicht hat er recht, denn große Polemik und große Satire gibt es in der deutschen Literatur nur selten; ich bin mir aber nicht sicher, ob dies für immer an dem »der deutschen Sprache innewohnenden Instinkt« liegt oder nicht vielmehr an historisch-gesellschaftlichen Verhältnissen in Deutschland, die die Entfaltung einer bürgerlichen Öffentlichkeit und damit auch polemisch-argumentativer Sprechweisen nicht gerade förderten. Ganz sicher aber ist zu erkennen, daß die gedrückte Betulichkeit, dies Bravseinwollen um jeden Preis, welche nach 1945 in den deutschen literarischen Öffentlichkeiten herrschten, die Literatur nun ganz und gar nicht interessant macht und auch ihre Überlebenschancen durch Temperamentlosigkeit in Frage stellt. Der Spaß an der groben wie an der florettfeinen Attacke des einen Poeten gegen den andern liegt natürlich auch am unterschwelligen Eingeständnis sowohl des Attackierenden wie auch der Zuschauer bzw. Leser, daß eine Literatur und eine literarische Argumentation zu Fragen von einigem ästhetischen Rang und zur Frage des Ranges und Wertes von bestimmten Werken, die ohne jede notfalls auch verletzte Entschiedenheit wäre, langweilig bliebe. Man betrachte sich nur die literarischen Produkte von Epochen, in denen Aggressivität tabuiert war, oder man sehe sich Autoren und literarische Strömungen an, denen die Propagierung ausschließlich des Guten – und dies gar nur auf die sanfte Art des vor Güte tremolierenden »Weltfreundes« – Programm war, und man wird diese Literatur nicht nur langweilig, sondern verlogen finden. Denn sie verschweigt, daß der Mensch eben nicht rein gut und immer zu kommunikativem Handeln aufgelegt ist, sondern in einem ja durchaus auch fruchtbaren und zugegeben auch gar nicht immer ganz harmlosen Sinn auf Streit und Auseinandersetzung bis zur (sei's auch nur metaphorischen) Annihilierung des Gegners sinnt.

Wenn es der Literatur an Aggressivität fehlt, entsteht jene Limonadenhaftigkeit, jenes bigotte Säuseln, jenes gedrückte abendländische Murmeln, welches man an der westdeutschen Nachkriegsliteratur zumindest bis ungefähr 1960 so massiv beobachten konnte. Und umgekehrt: Nicht langweilig waren just in jenen Jahren etwa die Autoren, die sich nicht an das Aggressivitäts-Tabu hielten, in der frühen DDR bis zu einem gewissen Grad Wolf Biermann oder Adolf Endler oder auch Karl Mickel, in der Bundesrepublik jahrelang fast einzig Arno Schmidt, Max Bense und Gottfried Benn. Sie gaben ihre Statements rücksichtslos ab und fragten nicht immer, ob da vielleicht dem geistigen Kleinbürger seine Gießkanne verbogen würde. Heinrich Heine wäre für das 19. Jahrhundert in diesem Zusammenhang zu nennen und als Weltenrichter aus der Zeit um die Jahrhundertwende der große Karl Kraus, der in der *Fackel* programmatisch nicht einfach was »bringen«, sondern was »umbringen« wollte – an diesen großen Spöttern und Hassern sieht man die notwendige Legierung von intellektueller Leidenschaftlichkeit mit Aggressivität. Und fast nur dann, wenn wir als Leser solcher Legierung, solchem intellektuellen Temperament begegnen, reagieren wir leidenschaftlich dankbar für diese stimulierende Leidenschaftlichkeit der Autoren. Oder wie Abraham Lincoln sagte: »You can't fertilize a field by farting through the fence.«

Ich habe bei dieser Sammlung die Dichter und Schriftsteller in ihrem Verhältnis zu ihren Kollegen zu Wort kommen lassen wollen, und das heißt, daß die Kritiker ausgeschlossen sein sollten; das Verhältnis der Autoren zu den Kritikern, die Aggressivität auch wiederum der Kritiker gegen die Autoren ist eine aus vielen psychologischen Gründen ganz andere Sache als die Rivalitäten der Kreativen untereinander. Natürlich wollte und will ich keinen qualitativen und auch keinen hintersinnig feinsinnigen Unterschied zwischen »Dichtern« und »Schriftstellern« machen, hätte also den Band auch

»Schriftsteller beschimpfen Schriftsteller« nennen können – aber dies wäre ein zischender und stolpernd umständlicher, ein zu umständlicher Titel gewesen, und daher sind allein die »Dichter« als Schimpfredner benannt. Der Leser wird merken, daß ich aber an einigen Stellen der Versuchung nicht widerstanden habe, auch mal einen Kritiker oder einen Philosophen über einen Kollegen schimpfen zu lassen, wenn die Brillanz der Formulierung einfach bestechend ist. Ohnehin wäre in den Fällen Schlegel, Heine oder Kraus etwa die Unterscheidung zwischen dem Dichter/Schriftsteller und dem Kritiker nicht recht möglich gewesen, und ist etwa Schopenhauer kein großer Schriftsteller? Drei oder vier freie Zuordnungen von Autoren zu Sätzen haben wir uns ebenfalls nicht verkniffen: natürlich hat sich z. B. Lichtenberg den Satz, mit größerer Majestät habe noch nie ein Verstand stillegestanden, nicht mit Sicherheit zu Klopstock einfallen lassen. Aber er paßte halt so präzise eben da hin –

Die Schreibung der zitierten Aussprüche haben wir, wo irgend möglich, an zuverlässigen Drucken bzw. Ausgaben überprüft und dabei auf Vereinheitlichung der Schreibweise weitestgehend verzichtet.

Mein Dank gilt zuvörderst Gerd Haffmans, mit dem zusammen Anfang der achtziger Jahre die Idee zu dieser Sammlung von Undankbarkeiten, Todeswünschen und Messerstichen der Genies unter- und übereinander entstanden ist. Beim Sammeln haben die Freunde in Frankfurt und in Berlin, in Scheeßel und in Wien, in Hille und Augsburg, Paris und Bielefeld geholfen; vor allem Sabine Kyora und Ric Maréshal danke ich für Hinweise auf Beschimpfungen und für Mitarbeit an der Sammlung.

Ich widme das Buch dem Andenken meines Freundes Ruben Klingsberg (1909-1993). Obwohl Journalist und Theaterkritiker in Prag und Jerusalem, war der aburteilende, aggressive Umgang mit Dichtern trotz seiner Verehrung für Karl Kraus seine Sache eben nicht; der Ton eines respektvoll milden Spotts lag ihm viel eher. Welches Glück es sein kann, mit den Werken unterschiedlichster Schriftsteller selbstverständlich, heiter und unendlich kenntnisreich zu leben und in ihrem Stimmengewirr sich zu bewegen, hat nicht zuletzt er mir vorgeführt.

München, im Mai 2006
Jörg Drews